KB164309

최고의존재는
어떻게 만들어지는가

copyright ⓒ 2018, 장진우
이 책은 한국경제신문 한경BP가 발행한 것으로
본사의 허락 없이 이 책의 일부 또는 전체를 복사하거나
전재하는 행위를 금합니다.

스페셜 원으로 거듭나는 7단계 핵심 전략

최고의 존재는 어떻게 만들어지는가

● 장진우 지음 ●

한국경제신문

왜 최고의 존재가 되어야 하는가

지난 2014년, 고려대학교 4학년이던 나는 휴학계를 내고 직장 생활을 시작했다. 한국교육학술정보원(KERIS)에서 영상 번역 최종 검수자로 활동했던 경력이 바탕이 되어 SBS방송국에서 일할 수 있는 기회를 얻었던 것이다.

졸업도 하기 전에 남들이 부러워하는 대기업에 입사했으니 어깨에 힘이 들어갈 만도 했다. 성공했다고 자부심을 가질 만도 했다. 앞으로 더 큰 성공을 거둘 수 있을 것이라 생각도 했다. 하지만 착각이었다. 기대만큼 만족감을 느끼지 못했다.

성공의 궁극적 가치가 행복이라면 나는 취직함으로써 실패했다

일단 어린 나이에 바쁜 스케줄에 맞춰 생활하다 보니 시간과 선택의 자유가 사라졌다. 자유롭게 활동할 수 있는 폭이 좁아졌다. 당연히 소중한 사람들과의 소통이 줄어들었고, 그동안 쌓았던 인간관계까지 느슨해지고 말았다.

겨우 짬을 내서 만난 지인들과의 자리에서도 회사에 대한 불평불만만 늘어놓자 하나둘 곁을 떠나기 시작했다. 뿐만 아니었다. 잦은 회식과 술 문화로 건강이 나빠졌는데 운동하는 시간마저 함께 줄어들면서 워라밸(work-and-life balance), 즉 일과 삶의 균형마저 깨져버리고 말았다. 월급이 적진 않았지만 행복하지 않았다. 삶의 만족을 느끼지 못했다.

그러던 어느 날 스스로에게 '행복이란 무엇인가?'에 대한 질문을 던질 기회가 있었다. 진지하게 미래의 모습을 그려보았는데 결과는 참담했다. 내 앞에 앉아 있는 선배들의 모습이 10년이나 20년 뒤의 내 모습이라 생각하니 눈앞이 깜깜해졌다.

나는 그렇고 그렇게 나이를 먹어가는 '여럿 중 한 사람(one of them)'이 아니라 '유일무이한 한 사람(only one)'이 되고 싶었다. 달걀 한 판에 담긴 비슷비슷한 달걀들 중 하나가 아니라 '특별한 하나(special one)'가 되어 그 가치를 인정받고 싶었다.

'안정적으로 회사를 다니면서도 실현 가능한 목표 아닐까?' 그런 생각도 해봤지만 더 늦기 전에 나만의 그림을 그리고 싶었다. '나'라는 백지 위에 내가 원치 않는 색이 칠해지기 전에 사표를 던져버렸다. 주변의 많은 반대는 물론이고 믿는 구석 하나 없었지만 덜컥 일부터 저질렀다.

아이러니하게도 회사를 그만두자 새로운 에너지가 생겨났다. 아니, 어찌 보면 회사를 그만둠으로 해서 에너지를 다른 곳에 소모하지 않고 오롯하게 나를 위해 사용할 수 있게 되었는지도 모른다.

나를 성장시킬 수 있는 시간이 생겼고, 자유롭게 활동할 수 있는 선택의 폭이 넓어졌다. 무엇보다 좋았던 것은 앞으로 어떤 삶을 살아가고 싶은지 진지하게 생각할 수 있는 여유가 생겼다는 것, 그리고 그 생각을 곧바로 실행에 옮길 수 있는 시간이 주어졌다는 것이었다. 이 모든 과정이 나를 성장시키는 자양분, 새로운 일을 시작할 수 있는 에너지의 자원이 되었다.

'어떤 삶을 살고 싶은가?'라고 스스로에게 묻다

SBS에 사표를 낼 무렵 스스로에게 '과연 어떤 분야에서 나만의 지식과 전문성을 쌓아갈 것인가? 내가 강점을 가진 분야는 무엇인가?'라고 물었고, '영어 교육 분야의 전문가가 되고 싶다'라는 내면의 답을 들을 수 있었다.

그 생각을 곧바로 실천에 옮겼다. 먼저, 고등학교 때 공부했던 수능 영어 자료들을 다시 꺼내 들었다. 토익, 토플, 텝스, 회화, 수능 등 다양한 영어 영역이 있지만 그중에서도 특별히 '수능 영어'를 선택했다.

유학을 다녀온 경험도 없고 영어 전공자도 아니었기 때문에 영어 중에서 가장 잘할 수 있는 분야를 고른 것이 바로 수능 영어였다. 김포외국어고등학교를 졸업하고 2010년 수능에서 언어(99퍼센트), 수리(99퍼센트), 외국어(99퍼센트), 전국 백분위 추정치 0.153퍼센트의 성적을 받아 고려대학교에 입학했으니 나름대로 자신감도 있었다[고려대에서는 중어중문학과와 국제학부(DIS)를 이중 전공했다].

게다가 세상에 영어를 잘하는 사람은 많지만, 영어를 잘 가르치는 사람은 많지 않다는 생각도 한몫했다. 대한민국에서 영어를 가장 잘하는 사람은 될 수 없어도, 앞으로의 노력 여하에 따라 대한민국에서 영어를 가장 잘 가르치는 사람은 될 수 있다고 생각했다. 스스로 지닌 가능성과 잠재력을 믿었다.

2011년에는 우리나라에서 열린 영어토론대회(KNC) 결승에도 진출했고, 국제영어토론대회(NEAO) 심사 위원으로도 활동했으며, 세인트키츠네비스 외교 차관과 네덜란드 국가 총리를 수행 통역하기도 했다. 이런 경험이 오롯이 자신감의 바탕이 되었다. 경험만큼 좋은 재산은 이 세상에 없다.

총론이 정해지자 각론을 세우기 시작했다. 구체적인 분야를 정하고 이에 대한 지식과 전문성을 쌓기 시작했다. 수백 번에 걸쳐 수능 기출문제를 분석했고, '영어 영역 1등급을 완성하는 기출 분석의 바이블'을 목표로 공부법을 보다 체계화하기 위해 현장에서 300명 넘는 아이들을 가르치면서 각 문제 유형에 대한 최적의 솔루션을 만들어냈다.

그렇게 완성된 기출 분석 코드가 《수능 영어영역 기출분석의 절대적 코드》라는 책으로 출간되어 베스트셀러로 떠올랐다. 출간에 만족하지 않고 다음 스텝을 밟아나갔다.

'누구에게나 수준 높은 교육의 기회를 제공한다'라는 가치 아래 선생님과 학생들이 무료로 쓸 수 있도록 PDF 파일을 만들어 사이트(http://www.seumenglish.com)에 올렸다. 이 자료는 카페와 블로그를 통해 지난 3년 동안 무려 3,000건 이상의 공유가 이루어졌다. 그 과정에서 이름이 알려져 대기업 CEO의 가족들과 자녀들을 가르칠 수 있는 인연이 만들어지기도 했다.

에너지는 목표를 달성하면서 소진되는 것이 아니라 오히려 배가된다. 나는 '저자'라는 타이틀에 만족하지 않고 그다음 행보로 '강사'를 생각했다. 책 한 권이 팔려 나가 한 개인의 인생에 영향을 끼치는 것도 의미가 있지만 더 많은 사람과 더 가까이에서 만나면 좋겠다는 생각을 했던 것이다. 나는 시시각각 급

변하는 지식산업 분야의 현장에서 살아 있는 목소리가 되고 싶었다.

이 목표를 달성하기 위해 날마다 TED 강의를 1개씩 보면서 명강사들을 연구하기 시작했다. 몸짓, 발음, 콘텐츠, 말하는 속도 등을 분석했고, 그중에서 《그릿(GRIT)》의 저자 앤절라 더크워스(Angela L. Duckworth), 《정의란 무엇인가(Justice)》의 저자 마이클 샌델(Michael Sandel) 등 코드가 잘 맞는 강사의 강연을 반복 시청하면서 나만의 것으로 만들어나갔다.

또한 독서를 통해 나만의 콘텐츠를 만들고, 브랜딩하고, 마케팅하는 방법들도 공부했다. 나를 특별하게 만들어줄 책 속의 지식들을 삶에 적용하고 실천해나갔다. 필립 코틀러(Philip Kotler)의 마케팅 관련 시리즈와 빌 비숍(Bill Bishop)의 《핑크펭귄(Pink Penguin)》 등이 당시에 많은 도움이 되었다.

이러한 일련의 과정을 통해 지식산업 분야에서 경쟁자들과 차별화된 콘셉트와 실력을 나타낼 수 있는 방법, 즉 '원 오브 뎀'에서 벗어나 '스페셜 원'이 되는 방법 등을 정리하기 시작했다. 그 방법들을 '성공의 7단계'로 체계화했고, 이를 강의하는 '스페셜 원 프로그램'을 만들었다.

본문에서 자세히 설명하겠지만 스페셜 원 프로그램이란 이미지 변신을 통해 자신의 브랜드 가치를 높이는 등 해당 영역에서 최고가 될 수 있는 구체적인 전략이다. '원 오브 뎀 트러블'에서 벗어나 스페셜 원이 될 수 있는 구체적인 방법으로서 그 목적은 당신이라는 이름의 브랜드를 사람들이 잘 기억하게 만들고, 목표 고객들을 매료시켜 당신이라는 상품에 대한 구매 욕구를 불러일으키려는 것이다. 보통 원 오브 뎀에서 스페셜 원이 되는 과정은 다음의 7가지 프로세스를 따른다.

① **세련된 나만의 STORY+TELLING:** 자신의 전문 분야를 설정한 뒤 세련된 스토리 라인을 만든다.

② **차별화된 자기소개와 BRAND VALUE:** 이를 바탕으로 자신만의 차별화된 브랜드 이미지를 설정한다.

③ **브랜드 세련화 과정, 특별한 IMAGE MAKING:** 더욱 세련된, 성공적인 브랜드 이미지 메이킹을 시도한다.

④ **나를 알리고 기회를 창출하는 ONLINE PLATFORM 구축:** 온라인 플랫폼을 통해 자신을 효과적으로 알린다.

⑤ **치밀한 기획을 통해 만들어지는 BESTSELLER:** 책을 집필해 브랜드 가치를 올린다.

⑥ **높은 수익을 창출하는 SPEECH & EDUCATION PROGRAM:** 강연 및 교육 프로그램을 통해 수익을 창출한다.

⑦ **강력한 특권 클럽의 형성, SPECIAL CLUB:** 나아가 특정한 사

람들만 소비할 수 있는 고급 브랜드 상품을 개발하고, 강력한 특권 클럽을 형성해 서로 돕고 영향력을 넓히는 공동체를 만든다. 또한 이들이 서로 돕고 영향력을 넓히는 공동체로 커나갈 수 있도록 지원한다.

당신은 지금 당신의 길을 걷고 있는가?

나는 회사를 그만둔 다음부터 끊임없이 스스로에게 물었다. '어떤 삶을 살 것인가?', '내가 가진 강점은 무엇인가?', '그것을 어떻게 사람들에게 알릴 것인가?'

그렇게 얻어낸 답을 실천에 옮기는 일, 실천 위에 노력을 더하는 일, 노력에 만족하지 않고 더 좋은 성과를 내기 위해 끊임없이 스스로에게 질문하고 다시 답을 얻어내 실천하는 일을 반복했다. 그 과정의 반복이 나를 베스트셀러 저자이자 교육 사업가, 강연가, 칼럼니스트 등 스페셜 원으로서의 삶을 살게 해주었다.

돌이켜보면 퇴사한 뒤 본격적으로 나의 일을 시작하면서부터 명성, 즉 진짜 내 이름을 알리는 데 성공했고 수익도 창출할 수 있었다. 진정한 행복과 자유를 느끼며 살기 시작했다. 그것이 가능했고, 동시에 그것이 행복했던 이유는 간단하다. 내가 내 삶의 진짜 주인으로 자리매김했기 때문이다.

세계적인 베스트셀러 《부의 추월차선(The Millionaire Fastlane)》의 저자이자 30대에 자수성가한 백만장자 사업가 엠제이 드마코(MJ DeMarco)는 "진정한 부는 물질적인 소유물이나 돈, 또는 물건이 아니라 3F로 이루어진다. 3F가 충족될 때 진정한 부를 느낄 수 있다. 즉, 행복을 얻을 수 있다"라고 강조한다.

3F란 가족(family: 관계), 신체(fitness: 건강), 그리고 자유(freedom: 선택)다. 특히 여기서 말하는 자유란 '스스로 선택할 권리'를 가지는 것이다.

내 삶의 방향성을 선택할 권리 또는 자유는 개인이 가진 가장 위대한 특권이라고 할 수 있다. 절대 그 권리를 포기해선 안 된다. 그런 권리가 있다는 것도 잊어선 안 된다. 내 삶은 내가 소유하고 있어야 하기 때문이다.

인생에서 우리가 시도해볼 수 있는 가장 가슴 뛰는 모험은 바로 자기 자신만의 인생을 사는 것이다. 내가 내 삶의 선택권을 가지는 순간부터 삶이라는 무대 위의 주인공이 된다는 점을 강조하고 싶다. 그 주인공이 바로 스페셜 원이다.

자신이 주인인 삶을 살아가다 보면 위대한 잠재력에 도달할 기회를 얻게 되고, 의도한 것과 최대한 근접한 결과를 얻을 수 있다. 그때 비로소 삶은 기적이 되며, 고난과 고통도 인내할 수 있는 감사로 바뀌기 시작한다. 종업원이 아니라 주인이 되었으니 어찌 만나는 손님마다 저절로 감사 인사를 하지 않을 수 있겠는가.

직장에서는 그렇지 못했지만 지금의 나는 1년 뒤가 설레고, 10년 뒤가 기대된다. 미래에 어떻게 성장해 있을지, 어떤 사람들과 함께 공동체를 형성하면서 커나가고 있을지 상상할 때마다 심장이 뛴다.

"그때가 좋았지……" 하면서 과거의 호시절만 생각하고 있다면 이미 기성세대가 되었다는 증거가 아닐까? 미래를 생각하지 않는, 미래를 기대하지 않는 젊음은 젊음이 아니다.

나는 나의 길에 들어선 지금 진정한 행복과 자유를 느끼며 살아가고 있다. 내가 생각하고 추구하는 길의 끝에 어떤 길이 이어져 있을지 그다음이 궁금해진다. 나는 그 길이 온전한 자유와 행복에 이르는 길임을 믿는다. 그 길에 독자 여러분이 동행하기를 소망한다. 나는 소중한 시간을 쪼개 이 책을 읽고 있는 당신에게 다시 묻고 싶다.

"누가 당신의 삶을 소유하고 있는가? 당신은 지금 당신의 길을 걷고 있는가?"

삶의 진짜 주인 '스페셜 원'이 돼라

어느 화창한 여름날이었다. 장모님이 운영하시는 꽃가게에 들렀다가 우연히 장미 100송이로 만든 화려한 꽃다발을 볼 기회가 있었다. "아, 너무 예쁘네요!"라는 말이 저절로 입에서 흘러나왔다. 당연했다. 장미를 보면서 아름답다는 생각을 하지 않는 사람은 아마도 없을 것이다. 나 역시 그러했다. 그런데 그날따라 엉뚱한 생각을 하기 시작했다.

'100송이 장미가 다 똑같이 예쁘다면, 쌍둥이처럼 비슷하다면, 대체 아름다움이 무슨 가치가 있지?'

100송이 장미가 모두 아름다워서 특별한 한 송이를 고르는 것이 오히려 어렵다는 아이러니에 엉뚱한 생각이 꼬리에 꼬리를 물었다.

'가치란 상대적으로 희소성이 있어야 하는 것 아닌가? 그렇

다면 골든로즈 정도는 돼야 특별하다고 할 수 있겠는걸?'

장미가 붉고 아름답다는 것은 상식이다. 문제는 상식이란 언제 어느 곳에나 존재하기 때문에 특별히 그 가치를 인정받기 어렵다는 점이다. 하지만 황금색 장미는 여럿 중 하나(one of them)가 아니라 유일무이(only one)하고 특별한 것(special one)이기 때문에 언제 어디서든 그 가치를 인정받을 수 있다.

성공을 위해 치열하게 경쟁하는 인간들의 세계도 비슷하다는 생각을 하면서 다음과 같은 개념을 떠올렸다. '해당 영역에서 최고의 브랜드가 된 탁월한 사람들이 골든로즈, 즉 스페셜 원이다. 그 반대 개념이 레드로즈, 즉 원 오브 뎀이다.'

원 오브 뎀 트러블에서 벗어나 스페셜 원 프리미엄을 누려라

어떤 영역에서 최고의 브랜드 구축에 성공한 사람들, 차별화된 이미지를 정립한 사람들은 대중의 머릿속에 깊이 각인되어 활동 분야에서 우위를 점하게 된다. 그리고 틀림없이 그 명성과 영향력에 상응하는 자유와 물질적 혜택도 얻는다. 이것이 바로 '스페셜 원 프리미엄'이다. 예를 들어 스티브 잡스가 심혈을 기울인 애플의 신상품이라고 하면 출시 전날부터 줄을 서고 밤을 지새울 가치가 있다고 사람들은 믿는다.

하지만 대부분의 사람들은 같은 분야의 경쟁자들과 똑같아 보인다는 문제를 겪고 있다. 남들과 다른 대접을 받고 싶어 하지만, 나만의 가치를 인정받고자 노력하지만 만족스런 결과를 얻지 못해 고통스러워한다. 그것이 바로 '원 오브 뎀 트러블'이다. 100명의 인턴사원 중에서 10명만 정규 채용하는 과정에 놓였을 때 느끼게 되는 그런 괴로움이다.

꼭 스페셜 원으로서의 삶을 꿈꾸지 않더라도 원 오브 뎀 트러블은 반드시 해결해야 할 중대 사안이다. 만일 당신이 지금보다 조금이라도 더 나은 삶을 원한다면 말이다.

이제 본격적인 4차 산업혁명의 시대가 펼쳐지면 평범한 사람들에게 돌아오는 기회는 점점 줄어들게 될 것이다. 또 그만큼 경쟁이 치열해질 것이다. 이제는 같은 시간 내에 어떻게 나를 더 돋보이게 만들 수 있을까를 고민해야 할 때다. 달걀 한 판에 담긴 30개의 달걀들처럼 엇비슷하게 살고 싶지 않다면 지금 당장 고민을 시작해야 한다. 결론을 도출해내고 실천에 옮겨야 한다. 그런데 과연 무엇을 고민하고 어떻게 실천해야 할까?

스페셜 원 프로그램이 제시하는 성공의 7단계

이 책이 그 고민의 과정과 실천 방법에 대한 안내서가 되었으면

하는 바람이다. 자신이 속한 집단이나 전문 분야의 지식을 바탕으로 한층 더 넓은 지역에서 명성과 영향력을 얻고, 이를 통해 수익을 창출할 수 있는 방법을 담은 전략서가 되기를 희망하며 집필을 시작했다.

이제부터 나는 독자 여러분이 스페셜 원이 될 수 있도록 새롭게 나아갈 길을 제시할 것이다. 단지 꽃잎을 치장하고 더 좋은 향기를 내는 간단한 기술이 아니라 완전히 다른 장미로 변모할 수 있는 모든 브랜드 마케팅 전략들을 알려줄 것이다. 이와 함께 크고 극적인 변화와 실천을 요구할 것이다. 세계적인 스타 강사들, 베스트셀러 작가들의 성공 비밀을 파헤침으로써 '최고의 존재는 어떻게 만들어지는가?'에 대한 해답도 제시할 것이다.

다만 모든 사람, 즉 '아무나'를 위한 것이 아니다. 자신이 가진 뛰어난 지식에 영향력과 명성이라는 가치를 더해서 높은 수익을 창출해내고, 스페셜 원 프리미엄을 누리고자 하는 사람들만을 위한 것이다. 자기 삶의 진짜 주인으로 자리매김하길 원하는 사람들만을 위한 것이다. 나는 당신이 그중 한 사람이 되기를 간절하게 바란다. 하고자 결심하고 도전한다면 스페셜 원이 결코 '넘사벽'이 아니라는 사실을 나와 함께 알아가길 기원한다.

스페셜 원만이 누릴 수 있는 3가지 자유

스페셜 원이 누릴 수 있는 자유, 즉 프리미엄에 대해 알아보는 것도 당신이 새로운 삶을 선택하는 데 큰 도움이 될 것이라 믿는다. 여기서 말하는 '자유'란 프롤로그에서 언급한 것처럼 '스스로 선택할 권리'를 가지는 것이다. 스페셜 원은 삶의 진짜 주인으로서 많은 것을 스스로 결정할 수 있다.

언제, 어디서든 일할 수 있는 자유

나는 디지털 노마드(digital nomad)다. 매일 아침 지옥철을 타고 일정한 장소로 출근하지 않는다. 노트북만 있으면, 인터넷이 연결되는 곳이라면, 전 세계 어디에서도 일할 수 있는 자유를 가지고 있다.

나는 "주말은 도대체 언제 와?", "워얼화아아수우모옥그으음" 같은 일상적 일상을 거부한다. "어제 월차 괜히 썼네……" 같은 후회도 하지 않는다. '여름휴가 D-200'을 달력에 적어두고서

한숨 쉬지 않는다. 원하기만 한다면 내일 당장 휴가를 떠날 수도 있다. 시간에 얽매이는 것이 아니라 내 의지대로 시간을 활용한다.

하지만 자유에는 언제나 책임이 따른다. 일에 대한 모든 책임은 온전히 나에게 있다. 이는 모든 삶의 결정들이 온전히 나 자신이 된다는 말과 동일하다.

원하는 사람과 일할 자유

나는 참석하고 싶지 않은 회식에 참석하지 않으며, 야근을 위한 야근도 하지 않는다. 말도 안 통하고 말도 안 듣는 팀원들과 말도 안 되는 팀플 따위도 하지 않는다.

나는 내 삶에 개입할 수 있는 요소를 마음대로 결정할 선택권을 가지고 있다. 원하지 않는 사람과 원하지 않는 일을 하면서 그를 비난하고, 그 사람 때문에 나의 삶이 망가졌다고 불평하지 않는다. 그런 부정적인 에너지를 내뿜으면서 나의 삶을 피곤하게 만들고 싶지 않은 까닭이다. 삶은 유한하다. 행복하고 좋은 시간들로 채우기에도 부족하다. 누군가 때문에 내 삶이 망가졌다고 불평하고 불만을 갖기에는 삶이 너무나 짧다.

스페셜 원은 가치와 방향성이 같은 사람들과 시간을 보낼 수 있어서 좋다. 좋은 사람들과 함께 어울리며, 행복한 시간을 보내기에 내 삶은 갈수록 더 풍요로워질 것이다.

스스로의 가치를 결정할 자유

나는 나의 영향력과 명성의 가치만큼 돈을 번다. 다른 사람이 나에게 '연봉 4,500만 원'이라는 가치를 부여하거나 규정하지 않는다. 나의 가치는 내가 투입한 시간과 노력에 정확히 비례한다. 이는 반대로 내가 투입한 시간과 노력이 적다면, 그만큼 돈을 적게 번다는 뜻이기도 하다.

이러한 삶은 누군가에 의해 수동적으로 규정되는 삶이 아니라, 내 스스로가 주체적으로 결정하는 삶이다. 삶은 오직 단 한 번뿐이므로 나의 삶을 다른 사람의 손에 좌우되도록 내버려둘 수는 없다. 나의 가치는 타인이 아닌 온전히 내가 결정하는 것이다. 내가 나의 가치를 결정하는 순간부터 삶이라는 무대의 주인공은 나 자신이 된다는 사실을 잊지 말아야 한다. 그 무대는 내가 숨 쉴 수 있는 공간이자, 온전히 나로서 바로 설 수 있는 공간이라는 사실도.

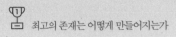 최고의 존재는 어떻게 만들어지는가 | 차례 |

CHAPTER 4 #SNS #팔로어의 힘

CHAPTER 5 나도 베스트셀러 작가가 될 수 있다

세련된 스토리에
지갑이 열린다

유일무이한
스토리의 힘

대중은 유일무이하고 세련된 스토리에 지갑을 연다. 2018년 남북 정상회담 이후 사람들이 평양냉면집 앞에 기꺼이 줄을 서는 이유는 물론 맛도 중요하겠지만 그 그릇 안에 '통일과 화합'이라는 스토리가 담겨 있기 때문이다.

가격도 비싸고 구입 절차도 까다로운 한정판을 사기 위해 밤새 줄을 서는 이유는 '희소성'이라는 스토리가 제품을 포장하고 있기 때문이다.

이런 예는 숱하게 많다. 앞을 보지 못하는 장애인 화가의 작품이라고 하면 두 번 세 번 그림을 다시 보게 된다. 같은 화가의 작품이라고 할지라도 특별한 스토리가 있는 작품은 경매시장에서의 낙찰가가 다르다.

세련된 스토리들의 특징 중 하나는 꼬리에 꼬리를 물고 입소문이 이어질 때 그 가치가 증폭된다는 점이다. 스토리텔링(storytelling)이라는 단어는 '스토리(story)를 이야기하다(telling)'라는 뜻이다. 즉 스토리 자체도 물론 중요하지만 그것이 어떤 그릇에 담겨 있고 어떤 식으로 전달되느냐 하는 점도 중요하다는 뜻이다.

✦ '스토리'가 담겨야 그릇의 가치가 올라간다

아무리 흔한 것이라도 스토리가 담기면 가치가 달라진다

눈앞에 돌멩이 5개가 놓여 있다고 상상해보자. 돌멩이란 지천에 널린 원 오브 뎀에 불과하니 어떠한 특별함도 느껴지지 않을 것이다. 갖고 싶다는 생각이 들지 않는다. 하지만 그것이 골리앗을 무너뜨린 다윗의 돌멩이라고 한다면 얘기가 달라진다. 다윗이 고른 5개의 돌멩이, 그중에서도 골리앗의 이마를 맞힌 돌멩이는 이 세상에 단 하나뿐이기 때문이다. 다시 말해 스페셜 원이기 때문이다.

팔레스타인 진영의 골리앗은 청동 투구와 비늘갑옷으로 무장하고 엄청난 크기의 창을 든 채 이스라엘 병사들을 막무가내로 몰아붙이고 있었다. 고향에서 양을 지키며 지내던 다윗은 병사들이 쩔쩔매는 것을 보고 자신이 직접 골리앗을 상대하기로 결심했다.

장군이 전투에 나가는 다윗에게 두툼한 갑옷, 단단한 투구, 큰 칼을 내주었다. 하지만 다윗은 자신에게 맞지 않는 무기가 오히려 방해가 될 것이라며 거절했다. 대신 양을 칠 때 사용하던 막대기를 집어 들었고, 단단한 돌멩이 다섯 개를 골라 가방에 넣었다.

골리앗의 위용은 대단했지만 다윗은 두려워하지 않았다. 다윗은 자신의 가방 주머니에서 돌멩이 하나를 꺼낸 후에 골리앗을 향해 돌팔매질을 했다. 돌멩이는 골리앗의 이마를 정통으로 맞혔고 골리앗은 피를 흘리며 쓰러졌다. 다윗은 그 틈을 놓치지 않고 골리앗의 칼집에서 칼을 뽑아 그의 목을 쳤다.

조금 더 현실적인 예도 있다. 예를 들면 야구공 하나는 그저 흔한 원 오브 뎀이지만 홈런왕의 홈런볼은 특별한 가치가 있다. 나아가 그것이 은퇴 전 마지막 홈런볼이라든가, 신기록을 세울 때의 홈런볼이라면 그 가격이 천정부지로 치솟는다. 그 야구공에는 유일무이라는 스토리가 담겨 있기 때문이다.

2003년 아시아 한 시즌 최다 홈런 기록을 세운 이승엽의 56호 홈런볼은 야외에 있던 구단 협력업체 직원이 주워 기증했고,

삼성은 그 대가로 순금 56돈(약 3,000만 원 상당)으로 만든 황금 공을 선물했다. 55호 홈런볼은 경매를 통해 1억 2,500만 원에 낙찰됐다(당사자가 구매 의사를 취소해 없던 일이 됐지만). 한국 야구 역사상 가장 비싼 가격이 매겨진 이승엽의 세계 최연소 300호 홈런볼은 국외 유출을 막기 위해 모 기업의 회장이 습득자에게 1억 2,000만 원(추정)을 주고 구입해 삼성 구단에 전달한 것으로 알려졌다.

이처럼 아무리 흔한 것이라도 앞으로 깨질 것 같지 않은 특별한 스토리가 담기는 순간 그 가치가 달라진다. 그 스토리가 주인공의 사망 등 어떤 특별한 사건을 계기로 전설이 되면 가치는 더욱 커진다. 이것이 바로 스토리가 가진 힘이다.

스토리는 기존의 스펙과 능력을 뛰어넘어 차별화된 매력을 갖도록 하는 비밀 열쇠와도 같은 것이다. 세련된 스토리일수록 그 가치가 더 빛나서 사람들을 열광하게 만든다는 사실에 주목할 필요가 있다. 실제 비즈니스 현장에서 활용되고 있는 브랜드 스토리를 한번 살펴보자.

초등학교 다닐 무렵부터 '백여우' 라고 불리던 여자아이가 있었습니다. 백씨 성을 가진 여자들은 한 번씩 들어봤을 별명입니다. 아이는 그 별명이 싫었습니다. 뭔가 음흉하고 어두운 의미를 담고 있었기 때문입니다. 천성적으로 밝고 웃음 많던 소녀는 자신과 닮지 않은 백여우라 불릴 때마다 불쾌감을 감출 수 없었습니다. 그러다 성인이 되어 결혼한 후 어린 시절에 별명 때문에 속상했던 기억을 남편에게 이야기했습니다.

그러자 남편은 아내의 백여우란 별명을 듣고 자신의 새 사업에 장난을 치기로 했습니다. 깨끗하고 단정한 매장 이미지를 가진 도시락 매장을 오픈하여 앙증맞고 귀엽고 섹시한 로고도 만들고 이름을 SNOWFOX(백여우)라 부르고 미국 전역과 전 세계에 퍼트렸습니다. 현재 SNOWFOX 매장은 전 세계 11개국, 1,200여 개 매장에서 하루에 10만 개 이상의 도시락을 판매하고 있습니다.

아내는 더 이상 백여우라 불리는 것을 싫어하지 않게 됐습니다. 단점을 공개하면 더 이상 흉이 되지 않는다는 것을 알고 있던 남편의 장난과 수많은 사람들의 사랑이 SNOWFOX(백여우)를 섹시하고 밝고 깨끗한 의미로 바꿔버렸기 때문입니다. 우리 회사의 모든 여성 직원들 역시 백여우로 불리는 것을 자랑스럽게 생각합니다.

'세상에서 가장 큰 도시락 회사' 스노우폭스의 브랜드 (히)스토리다. 읽다 보면 뭔가 역사와 전통이 있는 회사처럼 보인다. 정성스럽게 도시락을 만들고 있는 아내(또는 엄마)가 연상되기도 한다. 부정적인 여우의 이미지가 친근하게 느껴지면서 식당의

음식마저 긍정적으로 느껴진다. 정말로 직원들이 회사를 자랑스러워하는 것 같고, 다른 식당보다 더 친절하게 손님을 대할 것만 같다.

이처럼 평범한 브랜드에 뭔가 특별한 이야깃거리를 담는 것, 그것이 바로 스토리텔링이다. 이런 메인 스토리는 다음과 같은 서브 스토리를 통해 훨씬 더 세련되고 탄탄해진다.

스노우폭스의 창업자인 김승호 대표는 "대학교 3학년 때 미국으로 건너가 사업을 시작했으나 7번의 실패를 맛봐야만 했다. 모든 것을 포기하려던 순간 아내의 격려에 힘입어 새로운 사업을 시작하면서 지금은 4,000억 자산가가 되었다"는 식의 대중이 열광할 만한 스토리를 가지고 있다.

또한 지금의 아내와 결혼하기 위해 하루에 100번씩 100일 동안 손편지를 썼다는 로맨틱 스토리를 "성공하고 싶다면 목표를 정하고 그 내용을 하루에 100번씩 100일간 손글씨로 써라!"는 식의 성공 비결로 슬쩍 바꿀 줄도 아는 센스를 가지고 있다.

그는 가정과 성공이라는 두 마리 토끼를 거머쥔 성공맨의 스토리를 보유한 사람이 되었고, 이는 하나의 세련된 브랜드 이미지가 되었다. 결국 김승호 대표는 이를 바탕으로 출판, 강연, 나눔 경영을 펼치는 등 스페셜 원으로서의 행보를 꾸준히 이어나가고 있다.

한편 다음과 같은 캠페인으로 유명세를 탄 적도 있다.

"우리 직원이 고객에게 무례한 행동을 했다면 직원을 내보내겠습니다. 그러나 우리 직원에게 무례한 행동을 하시면 고객을 내보내겠습니다."

나아가 이러한 공정 서비스 권리 운동에 동참하고 싶은 회사가 있다면 캠페인 문구와 디자인에 대한 저작권 권리를 포기하겠다고 선언하기도 했다. 캠페인 그 자체만으로도 충분히 임팩트 있는 이야깃거리였는데, 저작권 포기를 선언하는 순간 세련미가 훨씬 부각된 것이다.

사실 캠페인 문구와 디자인이 큰돈이 될 리는 없다. 하지만 역발상으로 이를 오픈 소스로 공유하면서 회사의 가치가 올라가게 된 것이다.

스토리의 중요성을 이해했다면 이제 나만의 스토리를 만들어볼 차례다. 그런데 어떻게 고객의 마음을 사로잡는 세련된 스토리를 만들 수 있을까? 나를 효과적으로 알릴 수 있는 독특한 스토리는 어떻게 만드는 것일까? 이는 다음과 같은 간단한 질문에서부터 시작될 수 있다.

✿ 세련된 스토리를 만드는 4가지 질문

나는 이러한 방법으로 고민과 어려움을 극복했다

세련된 스토리는 의외로 간단한 4가지 질문을 통해 만들 수 있
다. 독자 여러분도 직접 답을 적어보기 바란다. 물론 불변의 질
문이 있는 것도, 완벽한 정답이 있는 것도 아니다. 인간은 누구
에게나 고유의 (히)스토리가 있으므로 스스로 자신의 질문지를
만들어 나만의 고유 스토리를 구상할 수 있다.

① 당신은 누구입니까?

　→ 나는 [　]입니다.

② 당신에겐 어떤 문제가 있었으며, 어떻게 그 문제를 극복했습니까?

　→ 나에겐 [　] 문제가 있었으나 [　] 방법으로 극복했습니다.

　(또는) 극복하고 있는 과정입니다.

③ 당신은 그 과정에서 무엇을 발견했습니까?

　→ 그 과정에서 [　]을(를) 알게 되었습니다.

④ 당신의 이야기가 나의 삶에 어떻게 연관될 수 있습니까?

　→ 나는 그 경험을 당신과 공유하고 싶습니다. 그것이 지금 나
　를 당신에게 소개하는 이유입니다.

위 4가지 질문과 그에 대한 답으로 만들어진 고유한 스토리는 공감대 형성과 함께 강한 신뢰성을 주게 될 것이다. 한 개인의 스토리라고 할지라도 사람들은 살아가면서 비슷한 상황에 직면하게 되고 비슷한 고민을 하게 된다. 20대는 20대만의 고민이 있고, 30대는 30대가 공감할 수 있는 고민이 있다. 따라서 내가 문제를 해결했던 경험이 다른 사람에게 도움을 주는 이야깃거리가 될 수 있다는 점을 명심할 필요가 있다.

위의 4가지 질문이 모두 포함된 다음 이야기를 한번 들어보자. 이는 스토리의 힘이 얼마나 강력한지 잘 보여주는 예라고 할 수 있다.

① 저는 강원도 산골에서 자란 평범한 여자입니다.

② 어릴 때부터 아토피가 유난히 심했던 저 때문에 부모님이 많은 고생을 하셨습니다. 아버지는 사람들로부터 아토피에 좋은 약초가 있다는 얘기를 들으면 몇 날 며칠 동안 산을 돌아다니셨습니다. 그러던 어느 날 '신의 손(가명)' 이라는 약초를 발견하셨습니다. 신의 손은 다른 약초와 달리 피부에 거부반응도 없고 효과도 좋았습니다. 1년 동안 꾸준하게 바르고 나니 아토피가 씻은 듯이 완쾌되었습니다.

③ 저는 아토피 때문에 힘든 어린 시절을 보냈습니다. 놀림도 많

이 받고 마음의 상처도 입었습니다. 그래서 아토피 때문에 고통받는 아이들을 위해 신의 손을 활용한 화장품을 만들고 싶다는 생각을 하게 되었습니다. 그 결과 '신의 손(가명)'이라는 화장품이 탄생하게 되었습니다.

④ 이 화장품은 국가에서 인정받은 기관을 통해 아토피 환자들에게 큰 효과가 있음이 임상 실험 결과 밝혀졌습니다. 제 경험과 노력이 아토피로 고통받는 모든 사람들에게 도움이 되길 희망합니다.

스토리에서 어떤 진심이 느껴지지 않는가? 다른 사람을 흉내 내는 것이 아니라 어디에서도 접할 수 없는 나만의 스토리를 갖는 것, 그것이 바로 진정성이다. 진심이 느껴지는 스토리는 발 없는 말이 천 리를 가듯 자연스럽게 수많은 사람들에게 퍼져 나가기 마련이다.

제품에 얽힌 스토리는 물론이고 개인의 브랜드를 강화하는 스토리 역시 위와 같은 4가지 질문을 통해 만들어낼 수 있다.

① 저는 환경초등학교에 재학 중인 6학년 이지구입니다.

② 어느 날 공원 앞을 지나가다가 길거리에 쓰레기를 버리는 사

람들을 보고, 쓰레기 줍는 일을 해야겠다고 생각했습니다. 그래서 다음 날부터 학교가 끝나면 매일 2시간씩 손에 작은 쓰레기봉투를 들고 다니면서 쓰레기를 주웠습니다.

③ 한 달 동안 공원을 청소하다 보니 많은 사실들을 알게 되었습니다. 사람들은 제가 쓰레기를 줍고 있는 동안에도 쓰레기를 버렸습니다. 특히 바로 옆에 제가 쓰레기봉투를 들고 있음에도 불구하고 쓰레기를 버리는 어른들이 많았습니다. 저는 이를 계기로 매일 블로그에 쓰레기를 버리는 것이 얼마나 지구를 오염시키는 일인지에 대해 포스팅하고, 매주 토요일마다 친구들과 함께 공원을 청소하는 봉사 단체를 만들었습니다. 지구를 살리는 일은 저의 작은 실천에서 시작된다고 생각합니다.

④ 저의 환경을 위한 활동 이야기는 지구를 아끼는 모든 사람들에게 도움이 될 수 있습니다. 환경보호는 나부터 작은 실천을 할 때 시작됩니다. 이러한 저의 이야기가 아프고 병들어가는 지구를 구하는 데 조금이나마 도움이 될 수 있기를 바랍니다.

잘 만들어진 하나의 스토리는 새롭게 창조된 나만의 길이며, 그 길 위에 경쟁 상대는 존재하지 않는다. 진정성을 가진 오롯한 나만의 스토리는 당신의 가치를 높여주어 당신을 수많은 레드로즈 사이에서 돋보이는 특별한 존재, 즉 골든로즈로 만들어줄 것이다. 스페셜 원이 되고자 한다면 반드시 나만의 스토리가 있어야 한다.

※ 어떤 그릇에 스토리를 담을 것인가?

나한테 스토리라고 할 만한 게 있나?

대부분의 사람들이 이런 질문에 속 시원한 답을 꺼내놓지 못한다. 20대는 물론이고 수십 년 사회생활을 한 중장년층도 크게 다르지 않다.

마케팅 부서에서 일하고 있다고 해서 그것이 과연 자신의 전문 분야일까? 하고 싶지 않은 강의를 하고 있는데 현재의 직업이 강사라고 해서 평생 올인을 해야 하는 것일까? 그렇지 않을 것이다.

"그렇다면 어떤 분야에서 나만의 지식과 전문성을 쌓는 것이 좋을까? 내가 뭘 잘하지? 뭘 할 수 있지?"

이 질문 역시 쉽지 않다. 스페셜 원이 되기 위해선 자신의 전문 분야를 정한 뒤 올인을 해야 하는데 의외로 많은 사람들이 그 분야가 무엇인지 잘 알지 못한다.

이처럼 자신이 어떤 그릇인지 알지 못하니 제대로 된 스토리를 담을 수 없는 것이다. 하지만 너무 낙담할 필요는 없다. 신은 우리에게 적어도 1개 이상의 달란트를 주셨으니까. 단지 우리가 그걸 찾지 못하고 있었을 뿐이다. 찾는 방법을 몰랐을 뿐이다.

다음은 나만의 숨겨진 재능, 잠재력을 찾는 간단한 방법 중 하나다. 빈칸을 한번 채워보자.

영어를 잘하는 3가지 비결은 [　]이다.

만일 당신이 영어에 강점이 있는 사람이라면 '외국인과 대화해보는 것', '미드나 팝송을 통해 쉽고 재미있게 영어를 배우는 것', '날마다 꾸준히 영어 일기를 쓰는 것' 처럼 매우 빠르게 빈칸을 완성할 수 있을 것이다.

그림을 잘 그리는 3가지 비결은 [　]이다.

만일 당신이 미술적 감각이 있는 사람이라면 '좋아하는 작가의 그림을 따라 그려보기', '주변 사물에서 영감받기를 게을리하지 않기', '하루도 쉬지 않고 조금씩이라도 그림 그리기' 등 나름대로의 노하우를 적을 수 있을 것이다.

영어나 미술에 관심이 없다면 다음 사례들을 살펴보자.

세계적인 베스트셀러 《골든 티켓(Golden Ticket)》, 《메신저가 되라(Millionaire Messenger)》(이 책은 《백만장자 메신저》라는 제목으로도 출간되었다)의 저자 브렌든 버처드(Brendon Burchard)는 지식을 전달하는 산업군 중에서 가장 유망하고 수익성 높은 10개 분야를 선정한 뒤 이에 대해 생각해볼 수 있는 질문을 제시했다.

물론 더 많은 분야가 있지만 영향력과 명성을 높이고 이를 통해 수익을 창출하고자 한다면 요즘 사람들이 관심을 갖고 있는 분야 중에서 선택하는 것이 아무래도 조금은 더 유리할 것이다.

- **동기부여:** 예 나의 꿈을 이루고 동기부여 할 수 있는 3가지 비결은 [　]이다.
- **리더십:** 예 다른 사람을 이끌고 팀을 운영할 수 있는 3가지 비결은 [　]이다.
- **재무관리:** 예 효과적으로 돈을 관리할 수 있는 3가지 비결은 [　]이다.
- **사업:** 예 성공적인 사업을 위한 3가지 비결은 [　]이다.
- **마케팅:** 예 제품이나 서비스를 효과적으로 홍보하는 3가지 비결은 [　]이다.

- **인간관계:** 예 신뢰를 쌓고 인맥을 넓히는 3가지 비결은 [　]이다.

- **신앙:** 예 신과 영적으로 통할 수 있는 3가지 비결은 [　]이다.

- **심리:** 예 스트레스를 효과적으로 조절할 수 있는 3가지 비결은 [　]이다.

- **예술:** 예 피아노를 잘 칠 수 있는 3가지 비결은 [　]이다.

- **기술:** 예 코딩을 빠르게 배울 수 있는 3가지 비결은 [　]이다.

곧바로 답이 떠오르지 않더라도 당신의 흥미를 자극하는 질문이 하나쯤은 있을 것이다. 그것이 당신의 스토리가 담길 당신만의 그릇이다. 만일 위의 10가지 안에 없다면 스스로 분야를 정하고 질문과 답을 하는 과정을 가져보는 것도 좋다. 또는 아래와 같은 방법으로 나의 그릇을 찾는 방법도 있다.

① 즐겨 보기

하다 보면 시간 가는 줄 모르고 하게 되는 일이 있다. 그 시간이 너무나 즐거워서 밥 먹고 잠자는 시간마저 잊게 된다면 적어도 해당 분야에 재능이 있을 가능성이 높다. 스스로 즐겁지 않다면 결코 그 분야에서 스페셜 원이 될 수 없기 때문이다.

- 나는 지난 1주일 사이에 [　]을(를) 하면서 시간 가는 줄 몰

랐다.

- 나는 [   ]을(를) 할 때 가장 즐겁고 신이 난다.

- 내가 [   ]을(를) 할 때 가장 행복해 보인다는 말을 누군가에
  게 들은 적이 있다.

② **경험하기**

이제는 대학에서 배운 전공이나 직장 생활의 경력만으로 인생
2막을 개척할 수가 없다. 그야말로 인생 100세 시대가 열렸다.
만일 지금 몸담고 있는 분야에서 경쟁력을 갖춘 스페셜 원이
아니라면 하루라도 빨리 숨겨진 재능을 찾아야 한다. 이때 경
험은 필수다. 직접 해보지 않고서 생각하는 것만으로는 자신
의 숨은 재능을 찾을 수 없다. 몸으로 경험해봐야 한다. 그것
도 바로 당장!

- 나는 나중에 시간이 나면 [   ]을(를) 해보고 싶다.

- 나는 언젠가 [   ]을(를) 할 것이다.

언제나 언젠가만 생각하고 있다면 언제나 노답이다. 그 나중
이란 쉽게 오지 않는다. 지금이라도, 당장 이번 주말에라도 시
간을 내서 직·간접 경험을 해보는 것이 무엇보다 중요하다. 마
음으로만 품고 있던 목표가 사라지기 전에.

③ **묻고 답하기**

주변 사람들에게 자신에 대해 묻는 것도 좋은 방법이다. 뜻밖

에 내가 몰랐던 나를 발견할 수 있다. 나는 별것 아닌 재주라고 생각하는 것도 다른 사람들이 보기에는 부러운 재능일 수 있다. 내가 발견하지 못한, 숨어 있는 1인치를 지인들은 객관적인 시선으로 찾아내는 경우가 종종 있다. 반대로 내가 잘하고 있다고 생각하는 것이 착각일 수도 있다.

- "네가 보기에 나는 어떤 사람인 것 같아? 나는 뭘 잘하는 것 같아?"라는 질문에
- "너는 [   ]에 대한 재능이 남보다 뛰어난 것 같아!"라는 답을 들을 수 있다면 일단 그릇을 찾을 가능성이 높아진 것이다.

그릇을 선택했으면 이제 그릇을 들고서 앞뒤로 이리저리 살펴보자. 진지하게 고민하고, 그와 관련된 책을 읽고, 강의를 들으며 지식을 쌓고, 실제 경험을 통해 나에게 맞는 분야인지 아닌지 점검해보는 과정을 가져야 한다. 금이 간 곳은 없는지, 색이 이상한 곳은 없는지 살펴보는 것이다.

원하는 분야를 찾았다고 해서 지금 하던 일을 접고 곧바로 전업하는 것은 금물이다. 일단은 현재 하고 있는 일과 융·복합부터 고려해보는 것이 좋다. 뜻밖의 시너지 효과가 있을 수도 있다.

나아가 지난 몇 년 동안 체득한 노하우를 버릴 필요는 없다. 그것을 활용해야 시행착오를 최대한 줄여가면서 원하는 삶에 뛰어들 수가 있다.

브렌든 버처드는 《메신저가 되라》에서 초등학교 입학 상담사가 된 세 아이의 엄마, 자동차가 좋아서 중고차 컨설턴트가 된 사람, 책이 좋아서 기업 교육 전문 북큐레이터가 된 사람, 금융회사에서 퇴사한 뒤 개인 자산관리사로 활동 중인 사람 등 주로 1인 기업가들의 예를 들었다.

그리고 그들이 "시간제 노동자가 아닌 일의 '가치'에 따라 돈을 벌기 때문에 '돈과 행복과 자유'가 있는 새로운 인생을 살 수 있다"고 강조했다. 나아가 다음과 같이 독자들에게 자신감을 심어주었다.

조직에 몸담지 않아도 된다. 대단히 뛰어나지 않아도 된다. 모든 것을 잘할 필요도 없다. 하찮게 생각했던 당신의 경험, 당신의 이야기, 당신의 메시지는 수많은 사람들이 목말라하는 가치다. 당신의 이야기는 당신이 생각하는 것보다 훨씬 더 어마어마한 가치를 갖고 있다. 당신은 수백만 명의 사람들에게 메시지를 전달할 수 있고, 그 대가로 수백만 달러를 벌 수 있다. 나 자신이 이를 증명해왔고, 내가 가르친 사람들도 그러했다.

사실 지식과 전문성을 쌓고자 하는 분야를 선택하는 것은 스페셜 원 입문의 기초 단계일 뿐이다. 하지만 이 과정을 통해 만들어진 당신의 선택이 미래에 엄청난 영향력을 이끌어낼 수 있다는 점은 꼭 명심할 필요가 있다. 바로 지금 선택하고 노력을 기울이지 않으면 미래가 바뀌지 않는다는 것을 잊지 말아야 한다. 지식은 무형의 가치로서 존재하지만 그 안에는 유형의 변화를 만들어낼 수 있는 힘이 있기 때문이다.

정말로 바뀔까? 의심하지 마시길. 정말로 바뀐다. 적어도 나의 경험으로는 그렇다. 잘 알겠지만 우주로 로켓을 발사할 때 각도가 0.1도만 어긋나도 그 결과는 엄청나게 달라진다. 지금 어떤 분야를 선택하고 노력을 기울이는 것과 아닌 것의 차이 역시 당장은 0.1도 정도로 사소해 보일 수 있다. 하지만 10년 뒤의 착륙 지점은 분명 다르다.

다음 장은 나만의 스토리를 바탕으로 차별화된 콘셉트의 자기소개 만들기에 대한 설명이다. '에지(edge) 있는 자기소개'는 차별화된 브랜드가 되기 위한 첫 관문이다.

대표적 국내외 스페셜 원

국내

- **대도서관**: 1978년생. 가난한 집에서 태어났다. 고등학교 재학 중 아버지가 돌아가시고 가세가 기울면서 대학 진학을 포기했다. 인터넷 라디오 방송을 진행했던 경험을 바탕으로 게임 방송에 입문, 지금은 184만 명(2018년 9월 현재)의 구독자를 거느린 인기 유튜버가 되었다. 고졸 알바생에서 연봉 17억 원의 스페셜 원이 된 것이다.

- **김미경**: 1965년생. 음대를 졸업하고 광고 음악을 제작하는 회사에서 직장 생활을 했다. 적성에 맞지 않아 고민하다가 대출을 받아 피아노 학원을 운영, 사업적 성공을 거두었다. 하지만 29세 때부터 강연이 하고 싶어 강사 생활을 시작했다. 새벽 4시 30분에 일어나 공부하는 생활을 7년 동안 지속하면서 지금에 이르렀다. 작가, 강연가, 유튜버, 교육회사 대표 등 24시간이 모자랄 정도로 바쁜 인물이다. 구독자 수 35만 명(2018년 9월 현재).

- **설민석:** 1970년생. 학비와 생계 해결을 위해 역사 강의를 시작
  했다. 메가스터디, EBSi, 이투스 등에서 역사 강사로 이름을 알
  리기 시작했다. 2011년 단꿈교육 대표이사가 되었고, 각종 방
  송에 출연하면서 스페셜 원이 되었다. '역사 에듀케이터' 라는
  특별한 브랜드 가치를 지닌 100만 베스트셀러 작가.

해외

- **오프라 윈프리**(Oprah Gail Winfrey): 1954년생. 시골인 미시시
  피주에서 사생아로 태어났다. 9세 때 사촌 오빠에게 성폭행을
  당했다. 14세에 미혼모가 되었는데 2주 뒤 아들이 죽는 고통을
  겪었다. 배우로 활동하다가 자신의 이름을 딴 TV쇼를 진행하
  면서 20세기 가장 부유한 흑인계 미국인, 미국의 상위 자산가
  들 중 첫 번째 아프리카계 미국인, 세계에서 유일한 흑인 억만
  장자가 되었다. '세계에서 가장 영향력 있는 유명 인사 100인'
  에 언제나 이름을 올린다. 어릴 때 겪은 특별한 스토리는 역경
  을 딛고 성공하는 사람의 사례로 손꼽힌다.
- **존 맥스웰**(John Maxwell): 1947년생. 목사 출신으로 전 세계 최
  고의 리더십 전문가이자 베스트셀러 작가로 손꼽힌다. 리더십
  컨설팅 그룹 인조이(Injoy)와 이큅(EQUIP)을 설립하여 30년 넘
  게 스페셜 원들을 상대로 활발한 강연 활동을 펼치고 있다. 존

맥스웰은 미국에서만 2,000만 부 이상 팔린 베스트셀러 작가이며, 아마존닷컴 10주년 명예의 전당에 이름을 올린 25명의 작가와 예술가 중 한 명이기도 하다. 저서로는《사람은 무엇으로 성장하는가(The 15 Invaluable Laws of Growth)》,《다시 일어서는 힘(No Limits)》,《리더십 불변의 법칙(The 21 Irrefutable Laws of Leadership)》,《리더의 조건(The 21 Indispensable Qualities of a Leader)》등이 있다.

- **데일 카네기**(Dale Carnegie): 1888년생. 교사, 세일즈맨 등으로 사회생활을 하면서 수많은 실패를 경험했다. 1912년 뉴욕 YMCA에서 성인을 대상으로 대화 및 연설 기술을 강연하면서 이름이 알려졌다. 사례 중심으로 펼쳐진 강의는 선풍적인 인기를 끌었고, 1936년에 출간된《데일 카네기 인간관계론(How To Win Friends And Influence People)》은 전 세계적으로 6,000만 부나 판매되었다. 카네기는 그의 인간관계 원리를 전파하기 위해 데일카네기연구소를 설립, 데일 카네기 코스 강사를 양성했다. 이 교육 프로그램은 전 세계에 보급되었다. 저서로는《카네기 성공론(How To Stop Worrying And Start Living)》,《데일 카네기 1% 성공 습관(Five Minute Biographies For Your Success)》,《데일 카네기 나의 멘토 링컨(Lincoln The Unknown)》등이 있다.

뻔한 자기소개는
당장 버려라

빨간 장미는
주목받지 못한다

내가 누구(who)인지, 그리고 얼마나 특별한 존재인지 아무도 몰라준다면 과연 성공할 수 있을까? 아마 쉽지 않을 것이다. 다른 사람이 아닌 내가 왜(why) 그 일의 적임자인지 알려야 그나마 활약을 펼칠 기회라도 얻을 수 있지 않을까?

100송이 장미 중에서 나머지 99송이와 다른 그 무엇, 그것이 차별점이고 나만의 고유한 무기다. 나를 효과적으로 알리기 위해선 먼저 나 스스로가 차별화된 브랜드가 되어야 한다. 당당하게 소개할 만한 브랜드 밸류(brand value)가 있어야 스페셜 원이 될 수 있다.

❉ 당신은 누구십니까?

안녕하세요? 저는 평범한 집에서 태어난 1남 2녀 중 막내이고요.
음……, 또……

국방부에서 선정한 대한민국을 대표하는 멘토단의 일원으로 군부대를 방문했던 적이 있다. 각 분야를 대표하는 10명의 멘토가 무대 위에서 1분 동안 자신을 소개했는데 대부분 다음과 같이 입을 열었다.

"안녕하세요? 저는 ○○회사 대표 ○○○라고 합니다. 저는 A와 같은 일도 하고, B분야의 일도 하며, 책도 쓰고, 강연도 하고 있습니다. 최근에는 C라는 분야에 관심을 갖고 있습니다."

처음에는 고개를 끄덕거리지만, 시간이 지나면 머릿속에 아무것도 남지 않게 되는 그렇고 그런 자기소개다. 차별화된 콘셉트가 없기 때문에 기억에서 사라지고 마는 것이다.

위의 사례처럼 여러 사람이 순서대로 자기소개를 해야 경우에는 다른 사람들과 특별히 더 명확하게 구분되는 이미지를 심어줘야 한다. 하지만 대부분 그렇지 못한 것이 현실이다. 이런 문제는 주어진 시간 내에 자신의 매력을 어필해야 하는 소개팅 자리에서도 마찬가지로 나타난다.

가정해보자. 처음 만나는 이성 앞에서 자신을 소개할 시간이 단 1분에 불과하다면 당신은 어떤 얘기를 어떻게 할 것인가? 상대편이 마음에 들 경우 이렇게 얘기할 생각인가?

"저는 패션에 관심이 많고, 기타를 칠 줄 압니다. 피아노도 조금 칠 줄 알고요. 어렸을 때부터 누나들과 함께 살아서 여성들이 무엇을 좋아하는지 센스 있게 파악하는 능력도 있습니다. 요리는 파스타와 피자를 만들 수 있고, 빨래도 곧잘 하는 편이라 가정적인 남자라는 얘기를 많이 듣습니다."

남성과의 첫 만남을 끝내고 집으로 돌아가는 여성의 머릿속은 혼란스러울 것이다. 여러 가지 이야기가 뒤죽박죽 섞이면서 상대편에 대한 이미지가 정립되지 않는다. 누군가 "오늘 그 남자 어땠어?"라고 묻는다면 틀림없이 "음……, 그냥 좋은 사람…… 이었어"라고 답할 것이다.

스티브 잡스는 회사 내 엘리베이터에서 직원들과 마주쳤을 때 "당신은 무슨 일을 하고 있지?"라는 질문을 던지는 것으로 유명했다. 만약 당신이 그런 질문을 받았다면?

"엄……, 제 이름은 마이클인데요, 저는 요즘에 A부서에서 중요하게 추진하고 있는 프로젝트를 담당하면서…… B부서의 업무 중 일부를 인계받았고…… 아, C업무도 함께 보고 있습니다. (반응을 살피며 머뭇거리다가) 그와 함께 D업무도 보고 있고, 곧 중요한 E업무도 처리할 예정입니다. 저는 마이클입니다."

짧은 시간 동안 뭔가를 많이 전달하고 싶다는 강박관념에 사로잡혀서, 또는 열심히 일하고 있다는 것을 어필하고 싶어서 이렇게 장황하게 늘어놓게 되지 않을까? 자신이 가장 중요하게 처리하고 있는 업무를 상세히 설명하기보다는 관련성 없는 여러 가지 업무를 동시에 이야기하려 들지 않을까? 너무 많다는 것은 하나도 없다는 말과 같다.

이처럼 자기소개에 콘셉트가 없다면 지식을 파는 사람들, 특히 스페셜 원이 되고자 하는 사람들에게는 매우 치명적이다. 이것이 바로 대부분의 사람들이 겪고 있는 원 오브 뎀 트러블이다. 다른 사람들과 다르게 평가받고 싶지만 어떻게(how) 무엇을(what) 말하고 행동해야 하는지 방법을 몰라서 겪게 되는 문제다.

벗어나고 싶다면 달라져야 한다. 평소에 꾸준히 차별화된 나만의 콘셉트를 만들어두었다가 기회가 왔을 때 상대편에게 명확하고 차별화된 브랜드 가치를 심어줘야 한다. 다음은 차별화된 콘셉트를 만들어가는 3단계 전략이다.

자기소개 만들기 3단계 전략

나는 [   ] 때문에 이 일을 하고 있다. 당신의 궁금증에 대한

명쾌한 답은 [   ]이며, 나는 [   ]한 무기를 보유한 탁월한 사람이다

1단계: 자기소개는 '무엇(what)'이 아닌 '왜(why)'에서 시작하라

스티브 잡스, 마틴 루서 킹, 라이트 형제처럼 위대한 리더들은 어떻게 많은 사람에게 영향을 끼칠 수 있었을까?

리더십 책 《나는 왜 이 일을 하는가?》와 '위대한 리더들이 행동을 끌어내는 법'이라는 TED 강연으로 유명한 사이먼 사이넥 (Simon Sinek)은 '골든 서클(golden circle)' 이론을 통해 "위대한 리더들은 행동하기 전에 신념과 목적을 정립하는 '왜(why)'라는 질문을 던짐으로써 모든 것을 시작했다"고 설명한다.

그들은 자신이 왜 이 일을 해야 하는지, 왜 이 방향으로 가야만 하는지에 대한 명확한 이유와 목적을 알고 있었고, 그들의 행동은 믿는 그대로를 증명해나가는 방식으로 구체화되었다는 것이다. 저자는 또한 "자신의 '왜'를 따르라. 그러면 다른 사람들도 당신을 따를 것"이라고 강조하기도 했다.

기업도 마찬가지다. 일반적으로 회사들은 왜(why)가 아닌 무엇(what)으로 이야기를 시작하는 경우가 많다. 팔고자 하는 상품(what)을 먼저 설명하고, 그 상품을 어떻게(how) 만들었는지 설명하려고 애쓰는 것이다. 하지만 애플은 조금 다르다.

애플은 "기존의 관념을 깨고 혁신하는 것이 자신들이 믿는 사명이며(why), 그렇기 때문에 다른 회사의 제품보다 아름답고 사용자 친화적인 제품을 만들 수 있었고(how), 결국 최상의 제품(아이폰)을 만들어내게 되었다(what)"고 이야기한다.

모름지기 차별화된 콘셉트라면 사람들의 마음을 사로잡고, 긍정적 반응을 이끌어낼 수 있어야 한다. 그렇기 때문에 내가 이 일을 하는 이유를 명확하게 드러내는 것이 자기소개의 시작이라고 할 수 있다. 나 역시 강연을 시작하기에 앞서 다음과 같이 말문을 연다.

"안녕하세요, 모든 사람들의 내면에는 무한한 가능성과 잠재력이 있다고 믿는(why) 세움스쿨 대표 장진우입니다. 저는 개개인의 무한한 가능성과 잠재력을 일깨우고(how), 그 특별함을 세상에 전할 수 있도록 돕는 일을 하고 있으며, 그 결과 자신의 분야에서 최고의 존재가 되고 싶어 하는 사람들을 위한 스페셜 원 프로그램을 만들게 되었습니다(what). 스페셜 원 프로그램이란 지식에 영향력과 명성을 결합하여 수익을 창출할 수 있도록 돕는, 모든 브랜드 마케팅 전략을 총망라하는 강의입니다."

만일 일반적인 회사의 커뮤니케이션 전략에 따라 이야기한다면 이런 식이 아닐까?

"안녕하세요, 저는 자신의 분야에서 최고가 되고자 하는 사람들을 위한 스페셜 원 프로그램을 강의하는(what) 세움스쿨 대표 장진우입니다. 개개인이 가진 무한한 가능성과 잠재력을 일깨우고(how), 그 특별함을 세상에 드러낼 수 있도록 돕는 일을 하고 있으며, 모든 사람들의 내면에는 무한한 가능성과 잠재력이 있다고 믿습니다(why)."

차이가 느껴지는가? 같은 내용이라도 전자는 차별화된 콘셉트가 명확하게 드러나지만 후자는 차별화된 콘셉트가 느껴지지 않는다. 평범하고 진부한 방식이다.

차별화된 콘셉트를 만들기 위해서는 사람들의 마음을 사로잡고 그들의 행동을 불러일으키는 커뮤니케이션 방식을 이해해야 한다. 그리고 질문에 대비해야 한다. 그것이 2단계다.

2단계: 질문을 예상하고, 그에 맞는 해답을 준비하라

차별화된 콘셉트로 자기소개를 하는 2단계 전략은 미리 질문을 예상하고, 그에 맞는 해답(해결책)을 준비해두는 것이다. 강연을 다니면서 자기소개를 마치고 나면 종종 다음과 같은 질문을 받곤 한다.

"제가 10년 넘게 회사 생활을 하며 쌓아온 지식과 노하우가 있는데, 이를 어떻게 수익으로 연결시킬 수 있을까요?"

이런 경우 다음과 같이 대답한다.

"당신이 가진 지식을 수익화하기 위해서는 온·오프라인 플랫폼을 결합하고, 나만의 콘텐츠를 만들고, 브랜딩하고, 마케팅해야 합니다. 이러한 과정을 체계적으로 수행하기 위해서는 다음의 7단계를 따라가는 것이 좋습니다.(하략)"

원 오브 뎀에서 벗어나려면 이러한 대표적 질문들에 대해 명확한 솔루션을 제시할 수 있어야 한다. 만일 횡설수설하면서 명확한 대답을 하지 못하면 아무래도 비전문가로 보일 수밖에 없다. 전문가가 되고 싶다면 기본적인 질문에 대비한 명확한 해답정도는 늘 준비하고 있어야 한다.

자기소개를 마친 뒤에 받는 질문은 사람마다 다를 수 있다. 예를 들어 자신을 영어 전문가라고 소개했다면 영어를 잘할 수 있는 방법에 대해 물어볼 것이고, 작가라고 소개했다면 어떻게 글을 쓰는지에 대한 질문이 나올 수 있다. 이에 대해 효과적으로 대응하기 위해서는 먼저 다양한 상황 속에 자신을 노출시켜보고, 그 상황 속에서 주로 나오는 질문들에 대해 전문가 수준에 걸맞은 대답을 준비해놓는 것이 중요하다.

고객의 질문에 막힘없이 대답하는 것, 그것이 차별화된 콘셉트를 만드는 두 번째 전략이다. 그리고 3단계는 나만의 무기를 갖는 것이다.

3단계: 자신의 무기를 자랑하라

"수많은 전문가들이 있는데 왜 굳이 당신이어야 하죠?"라고 물으면 다음과 같이 대답할 수 있어야 한다.

"저에게는 남들이 갖지 못한 어떤 특별한 무기가 있기 때문입니다." 그리고 그 무기를 설명한다.

차별화된 콘셉트의 자기소개 만들기 최종 전략은 나만의 무기를 갖는 것이다. 단순한 득템으로 그치는 것이 아니라 평소에 잘 갈고닦아놓아서 갑작스럽게 닥치는 결전의 그날 제대로 활용할 수 있어야 한다.

1단계와 2단계까지는 잘 만들다가도 3단계에서 포기하는 경우가 많다. 겉으로 보기에는 쉽고 단순해 보여도 사실상 어렵고 까다로운 질문이기 때문이다. 하지만 스페셜 원이 되기 위해서는 반드시 해결해야 할 숙제다.

> 은퇴 후 강남에 부동산 중개업소를 차리고자 하는 A씨는 강남의 '원룸과 오피스텔'을 전문 분야로 설정한 뒤, 6개월 동안 130개가 넘는 원룸과 오피스텔을 직접 돌아다니며 사진을 찍었다. 나아

가 주변 교통 상황, 학교, 상가 종류, 투자 전망 등에 대한 정보를 다각도로 수집했다. 아름다운 내부 사진을 얻기 위해 사진을 공부하고, 최신 투자 정보를 얻기 위해 강남의 수많은 공인중개사들과 친분을 쌓기도 했다. 그는 이러한 노력을 바탕으로 강남의 '원룸과 오피스텔' 투자 정보가 담긴 비밀 책자를 발간했다. 지금은 강남에 소규모로 투자하고 싶은 개인 투자자들이 A를 만나기 위해 줄을 서서 기다리는 상황이 되었다.

부동산 중개업자 A는 '강남의 소규모 투자'라는 블루오션을 파고들어 차별화된 해결책을 만들어냈다. 이처럼 나만의 무기를 만드는 노하우 중 하나가 사람들이 어려워하거나 문제가 되는 부분에 대한 차별화된 해결책을 갖는 것이다.

만약 수능 영어를 가르치는 사람이라면 수백 번에 걸친 기출문제 분석과 최상위권 학생들의 공부 방법에 대한 연구를 바탕으로 오답률이 높은 문제(빈칸 추론)에 대한 나만의 해결책을 제시할 수 있어야 한다.

또 다른 노하우는 해결책을 제시하기에 앞서 시대적인 배경을 언급하는 것이다. 이를테면 부동산의 경우 정부 정책과 시대적인 흐름을 분석하면서 강남을 중심으로 소규모 부동산 투자가 활성화되고 있는 상황을 보여줄 수 있다. 수능 영어라면 절대평가로 전환되는 상황 속에서 1등급이 되기 위한 빈칸 추론 문제의 중요성을 부각할 수 있어야 할 것이다.

이와 같은 3단계 전략을 통해 당신은 '나만의 무기'를 가질 수 있고, 이는 '고객이 스스로 찾아오게 만드는' 최상의 방법이 된다.

물론 처음부터 쉽지는 않을 것이다. 고객들이 기꺼이 줄을 서는 '최고의 무기'가 되기 위해서는 치열하고 부단한 노력이 반드시 필요하다. 그러나 일단 무엇이든지 해보고자 하는 마음을 갖는다면 당신이 치르는 고된 투쟁이 가장 탁월한 강점으로 변할 것이다.

이제 스스로에게 물어보자.

"나는 가치 있는 브랜드인가?"

스스로를 객관적 시선으로 분석해야 한다.

"나는 타인들에게 어떤 브랜드로 각인되어 있는가?"

그리고 목표를 정해야 한다.

"나는 세상에 [   ]한 브랜드로 각인되고 싶다!"

빈칸을 모두 채웠다면 이제 다음 단계로 나아가자.

✿ 브랜드 가치를 완성하는 창조적 벤치마킹(MRCA)

시장조사와 경쟁사 분석이 필수

브랜드 관점에서 스페셜 원이 되기 위한 요소를 정리하면 다음
과 같다. 학문적 관점에 따라 브랜드 하우스(brand house)를 구
성하는 요소는 조금씩 다르지만 필자는 스페셜 원 프로그램을
완성하기 위한 요소를 아래와 같이 9가지로 정의했다.

브랜드 네이밍	차별화 포인트	세련된 스토리	브랜드 로고	명함 디자인	브랜드 소개 영상	최상의 고객 유형	브랜드 가치	비즈니스 모델

이 각각의 요소들을 통해 차별화된 브랜드 하우스를 완성하기 위
해서는 시장조사(market research)와 경쟁사 분석(competitive
analysis)이 필수다. 이 과정을 각각 영문 머리글자를 따서
'MRCA' 라고 부르는데, 풀이하면 '창조적 벤치마킹' 이라 할 수
있다.

간단한 벤치마킹(조사, 분석)은 인터넷이나 책을 통해서도 어
느 정도 가능하다. 하지만 해당 분야에서 탁월한 업적을 이룬
사람들을 직접 만나 현장의 목소리를 듣는 과정은 꼭 거쳐야 한

다. 이러한 수고도 없이 새로운 브랜드를 론칭한다면 새로운 가치를 창출하는 것도 어려울 뿐만 아니라 실패할 가능성도 높다.

만일 위의 9가지 요소 중에서 가장 중요한 하나를 골라야 한다면 '브랜드 가치' 라고 할 수 있다. 브랜드 가치란 슬로건과 비전, 미션을 모두 포함하는 개념인데 각각 다음과 같이 정의된다.

- **슬로건**: 브랜드가 고객에게 제공해야 하는 가치
- **비전**: 슬로건을 바탕으로 브랜드가 추구해야 하는 미래상
- **미션**: 비전을 달성하기 위해 기업이 우선적으로 수행해야 하는 역할과 사명

참고로, 세움스쿨의 브랜드 가치는 다음과 같다.

- **슬로건**: EVERY CLASS HIGHEST QUALITY(고객에게 항상 최상의 수업을 제공한다)
- **비전**: 집단 지성을 이룰 상생의 공동체 형성
- **미션**: 전 세계에 스페셜 원 프로그램을 알리는 것

중국 최대 전자 상거래 회사 알리바바(Alibaba)의 창업자 마윈(馬

雲, Ma Yun, Jack Ma)은 브랜드 가치의 중요성을 잘 아는 인물이었다. 그는 직원들의 쌈짓돈을 모아 제2의 창업을 발표하면서 다음과 같이 선언했다.

우리는 전자 상거래 회사를 만들 것이다. 우리의 목표는 3가지다. 첫째는 102년간 생존할 회사를 설립하는 것, 둘째는 중국의 중소기업을 도울 수 있는 전자 상거래 회사를 만드는 것, 셋째는 전 세계 1위의 전자 상거래 회사를 만들어 세계 웹 사이트 순위 10위 안에 드는 것이다.

리더로서 명확한 비전을 제시한 것이다. 그리고 다음과 같이 말을 이어갔다.

지금부터 우리는 위대한 일을 해야만 한다. 우리의 B2B는 인터넷 서비스 방식에 1차 혁명을 가져왔다. 어둠을 헤치고 나가서 함께 외치자. 내가 앞으로 나아가라고 외칠 때 너희는 허둥대지 마라. 비장하게 앞으로 나아가라. 10여 명이 앞으로 나아가면 무엇을 못하겠는가. (중략) 너희는 지금 어디에서든 일을 찾을 수 있다. 한 달에 3,500위안은 충분히 벌 수 있다. 그러나 3년 후에도 똑같은 일을 찾아 나서야 한다. 우리는 지금 매월 500위안밖에 벌 수 없지만, 회사가 성공하면 영원히 돈 걱정에서 벗어날 수 있다.

그는 단순히 국내에 머무르는 회사를 목표로 하지 않고 세계로 나아가는 회사를 꿈꿨다. 또한 안정적으로 생활을 유지하는 정도가 아니라 영원히 경제적인 자유를 얻을 수 있는 수준을 목표로 잡았다. 이것이 마윈을 중국에서 가장 존경받는 기업인으로 만든 비결이다.

이처럼 브랜드 가치란 단순히 슬로건과 비전, 미션을 정의하는 차원을 넘어 브랜드를 오랫동안 지속하게 만들고 어느 수준까지 성장할 수 있는지를 결정짓는 주춧돌이 된다. 집을 지을 때 기둥을 받칠 주춧돌이 크고 단단하게 놓여야 하는 것처럼 당신의 브랜드 가치 또한 높은 이상과 목표를 바탕으로 세워져야 한다. 가치가 없는 브랜드는 많은 이들에게 알려질 수도 없을뿐더러 원하는 만큼 오랫동안 지속될 수도 없다.

다음 장은 차별화된 브랜드가 되기 위해 나의 이미지를 효과적으로 바꾸고 유지하는 브랜드 세련화 과정에 대한 설명이다.

창조적 변신의 성공 사례 & 실패 사례

미국은 브랜드 이미지와 관련된 평판 산업이 우리나라보다 훨씬 더 거대하게 작동하는 국가다. 세계적인 스타로 여전히 우리들 머릿속에 남아 있는 메릴린 먼로(Marilyn Monroe)는 23세에 에이전시 부사장 조니 하이드(Jonny Hyde)가 요청한 대로 코와 턱, 이마선을 고치는 등 외모와 외적 태도에 의식적인 변화를 줌으로써 '사랑의 여신'으로 거듭났다. 메릴린 먼로 역시 대중들의 인식 속에 박힌 '여신'이라는 이미지에 부합하기 위해서는 자신의 본래 모습을 조금 바꿔야 한다는 사실을 부정하지 않았던 것이다.

미국의 상원 의원을 지낸 빌 브래들리(Bill Bradley)와 존 글렌(John Glenn)은 브랜드 이미지의 창조적 변신이 얼마나 중요한지 단적으로 보여주는 예라고 할 수 있다. 브래들리는 상원 의원에 당선된 뒤 과거 프로 농구 선수의 이미지를 없애고 불철주야 노력하는 국회의원의 이미지를 강화하기 위해 언론에 농구 선수 시절의 애기를 일절 꺼내지 않았다. 대신 전문적인 정책과 입법 사안을 거론하는 전략으로 전문성을 드러냈다. 이를 통해 그는 운동선수가 아닌 학식이 풍부한 전문가의 이미지를 의도적으로 강조할 수 있었다.

반면에 미국 최초로 지구궤도를 비행한 우주 비행사 출신 존 글렌은 과거의 이미지를 탈피하지 못했다. 그는 우주 비행사들의 이야기를 그린 영화 〈필사의 도전(The Right Stuff)〉이 개봉하기만을 기다렸다가 대통령 출마 선언을 했다. 이는 자신의 기존 이미지를 강화함으로써 대통령 선거에서 참패하는 결과를 가져왔다. 영화를 등에 업고서 전달한 혼란스러운 메시지가 대통령을 열망하는 글렌의 이미지를 가려버린 꼴이 된 것이다.

보이는 것도 중요!
이미지 메이킹에
주목하라

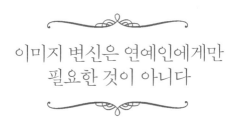

이미지 변신은 연예인에게만
필요한 것이 아니다

우리는 유명 맛집이나 어떤 영화를 생각할 때 자연스럽게 보글 보글 끓는 찌개나 인상적인 한 장면을 떠올리게 된다. 그것이 바로 이미지다.

그런데 만일 맛이 없어 잘 가지 않던 식당이 리뉴얼 오픈을 하거나, 늘 선행을 베풀던 배우가 주연을 맡은 영화가 개봉한다 면? 아무래도 관심이 한 번은 더 가게 마련이다. 상대의 이미지 변신에 우리의 마음도 바뀌는 것이다.

한편 이미지는 상징(물)과 떼려야 뗄 수 없는 관계다. M자 조 형물이 없는 맥도날드 햄버거를 상상이나 할 수 있을까? 맛이 야 달라지지 않겠지만 느낌은 그렇지 않을 것이다.

목소리와 외모 역시 이미지를 형성하는 중요한 요소다. 꼭 목욕탕 보이스, 조각 같은 외모, 팔등신이어야 한다는 뜻은 아니다. 요즘에는 핸디캡을 오히려 강점으로 활용하는 사람들도 많다. 숨기고 감추는 대신 이를 드러내면서 자신만의 고유한 이미지를 만드는 것이다.

✰ 성공적인 이미지 변신의 비밀: 브랜드 세련화

세련된 브랜드의 기본 3요소

영화 〈마이 페어 레이디(My Fair Lady)〉(1964년)는 빈민가 출신의 꽃 파는 부랑 소녀 일라이자(오드리 헵번 분)가 "언어가 사람의 지위를 결정한다"고 굳게 믿는 언어학자 히긴스(렉스 해리슨 분)를 만나 개인 교습(상류층의 억양과 발음)을 통해 귀부인이 되는 과정을 그리고 있다.

이미지 변신의 과정과 중요성을 잘 보여주는 작품이긴 하지만, 사실 지금으로부터 50여 년 전에 개봉한 영화의 스토리다. 심지어 그보다 50년도 더 전에 발표한 조지 버나드 쇼(George Bernard Shaw)의 희곡 《피그말리온(Pygmalion)》(1913년)을 원작으로 한 것이다.

이제 현대사회는 그 이상의 것을 요구한다. 만일 당신이 스

페셜 원들이 모인 스페셜 서클 속으로 한발 더 가까이 다가서고
자 한다면 외모의 변화뿐만 아니라, 목소리, 몸짓언어, 스토리
에 이르기까지 자신을 돋보이게 만드는 모든 요소들을 포장하
는 '브랜드 세련화(brand refinement)' 과정을 거쳐야 한다.

이미지 변신은 연예인이나 하는 것 아니냐고? 그렇지 않다.
일반인들에게도 필요하며, 이러한 과정은 높은 인지도와 탁월
한 존재라는 무형의 가치를 제공한다. 일반적으로 '세련'이라는
단어는 품위 있고 의식 수준이 뛰어나다는 느낌을 전달하는데,
브랜딩 세계에서는 시장 영역의 기대를 충족하는 방향으로 이
미지 변신을 꾀한다는 뜻이 담겨 있다.

사실 브랜드 세련화 과정은 이미지 컨설턴트, 패션 디자이
너, 헤어스타일리스트처럼 전문가 그룹의 도움이 필요하다. 하
지만 모두가 처음부터 전문가의 도움을 받으며 변화할 수는 없
다. 처음에는 혼자서 이끌어나가야 한다.

그렇기 때문에 브랜드 세련화 과정에 필요한 모든 요소들에
집중하기보다는 먼저 상징과 상징물, 외모, 목소리 등 가장 기
본적인 3가지 요소부터 집중하는 것이 좋다.

✻ 브랜드의 개성과 속성을 전달하는 상징

상징을 통해 불분명한 실체를 분명하게 드러내고 표현할 수 있다

상징(물)은 브랜드의 개성과 속성을 전달하는 기능을 한다. 만약 소개팅에 나가서 터프 가이의 이미지를 전달하고 싶다면 몸짓, 얼굴 표정, 걸음걸이 등의 외적인 요소는 물론이고 옷, 선글라스, 액세서리 같은 상징(물), 즉 그에 걸맞은 이미지를 갖추어야 한다. 근육질, 검은 가죽점퍼, 수염, 오토바이, 거친 말투, 굵직한 체인 액세서리 등과 같이 흔히 터프 가이 하면 연상되는 상징물들이 필요한 것이다.

사실 우리가 전달하고자 하는 메시지는 추상적인 경우가 많다. "상징을 통해 불분명한 실체를 분명하게 드러내고 표현할 수 있다"라는 사회학자 어빙 고프먼(Erving Goffman)의 말처럼 상징은 추상적인 메시지를 보완하는 역할을 수행한다. 나아가 브랜드의 개성과 속성을 전달하는 기능도 한다.

예를 들어 '세움스쿨'의 '세움'은 "교육으로 세상을 바로 세우겠다"라는 메시지를 전달하고자 붙인 이름이다. 물론 좋은 의미가 담긴 네이밍이지만 말로만 들으면 그냥 스쳐 지나가는 추상적 메시지일 수 있어서 이를 보완하는 상징이 필요했다. 내가 원하는 메시지를 효과적으로 전달하기 위해 설정한 시각적 이미지는 바로 머리카락을 위로 뾰족하게 세우고 강연을 하는 것이었다.

대중 앞에서 강연을 할 때마다 가벼운 유머를 섞어가며 머리카락을 세운 이유를 설명하면 박수가 터져 나오면서 호응을 보낸다. 결국 대중은 뾰족 머리 이미지 하나만으로도 '세움스쿨'을 떠올리게 되고, 내가 세상에 전하려고 하는 메시지를 기억하게 되는 것이다. "음……, 그냥 좋은 사람…… 이었어"로 설명되는 '소개팅남 1'이 아니라 재미난 CEO와 철학(why)이 있는 회사로 기억되는 것이다.

뾰족 머리 하나만으로는 부족하다고 판단해서 스페셜 원을 상징하는 상징물도 하나 설정했다. 평범한 레드로즈가 아니라 골든로즈로 비유되는 스페셜 원을 설명하면 황금색이 먼저 떠오르니 이를 시각적으로 표현하는 것이 중요하다고 판단, 강단에 설 때마다 황금색 마이크를 손에 들었다. 스페셜 원 프로그램의 개성과 속성을 잘 드러내는 황금색 상징물에 대한 반응 역시 좋은 편이다.

이처럼 상징(물)을 효과적으로 활용하면 짧은 순간에도 상대편에게 나를 효과적으로 각인시킬 수 있다. 머리카락을 뾰족하게 위로 세운 남자가 황금색 마이크를 잡고서 강연하는 모습을 어찌 쉽게 잊을 수 있겠는가.

✿ 경쟁력 있는 브랜드의 무기, 외모

첫인상을 결정짓는 중요 요인은 외모, 목소리, 어휘

스타 강사나 베스트셀러 작가, 비즈니스 리더에게 청중은 과연 무엇을 기대할까? 대중 앞에 서는 사람들은 대중이 원하는 것을 알아야 한다. 그중 하나가 외모다. 1시간 넘게 눈길을 떼지 않고 강연을 들어야 하는데 이왕이면 보기에도 좋은 강사가 좋은 것이다.

외모의 중요성은 과학적으로도 입증된 사실이다. 우리의 뇌는 편도체를 통해 0.1초도 안 되는 짧은 순간에 상대편에 대한 호감도와 신뢰도를 평가한다고 한다. 대부분의 사람들이 3초 만에 상대편의 첫인상을 결정짓는다고 해서 '3초 법칙' 또는 '초두 효과(初頭效果, primacy effect)'로도 불린다. 그 첫인상을 결정짓는 중요한 요인은 외모, 목소리, 어휘순인 것으로 나타났다.

예를 들면 도널드 트럼프 미국 대통령은 지난 2018년 6월 12

일 북미 정상회담 당시 "1초만 보면 그가 어떤 사람인지 알 수 있다"라며 김정은 북한 국무위원장을 평가하기도 했다. 대통령이 되기 전 유명한 비즈니스맨이었던 그는 과거 협상을 할 때마다 그러한 기술을 활용해왔다고 밝힌 바 있다.

성형수술을 하지 않으면 스페셜 원이 될 수 없다는 뜻은 아니다. "난 얼굴이 못났으니까 틀렸군!" 그런 얘기를 하자는 것이 아니다. 그렇다고 해서 부스스한 머리에 까칠한 얼굴로 강단에 서도 된다는 뜻도 물론 아니다. 강사에게 있어 외모란 오뚝한 콧날이나 앵두 같은 입술이 아니라 단정함과 깔끔함, 그리고 '미소'이다. 특히 미소의 중요성은 아무리 강조해서 지나침이 없다. 어찌나 중요한지 세계적인 베스트셀러 작가 마크 트웨인은 '인간에게는 정말로 강력한 무기가 하나 있다. 그것은 바로 미소다'라고까지 얘기했다. 외모는 대중의 의식 속에 빠르고 깊게 자리 잡기 때문에 반드시 세심하게 신경 써야 한다. 특히 젊은 청중과 소통하려고 한다면 더더욱 그렇다. 외모가 곧 경쟁력이다.

외모를 바꾸려고 한다면 연예인들이 하는 방식을 벤치마킹하는 것도 좋다. 분업화되고 세분화된 그들의 프로페셔널 시스템 안에는 패션 디자이너, 메이크업 아티스트, 몸매 관리 코치 등은 물론이고 퍼스널 컬러에 맞는 립스틱, 화장품, 염색, 가발,

속눈썹 등 혁신적이고 다양한 도구들이 포함되어 있다.

당장 전문가 수준까지 접근하는 것이 쉽지 않다면 일단 눈썹만 다듬어도 인상이 크게 달라진다. 눈썹이 지저분하거나 모양이 이상하면 대인 관계에서 좋은 이미지를 주기 어렵다. 이는 얼굴에서 눈썹이 차지하는 비중이 생각보다 크기 때문이다. 관상학에서도 눈썹은 '얼굴의 지붕'이라고 할 만큼 중요한 대상으로 여긴다.

패션 또한 첫인상을 결정짓는 중요한 요소다. 독특하고 재치 있는 복장은 브랜드 메시지를 전달하는 매개로 작용한다. 색깔, 모양, 소재, 재질 등 옷을 구성하는 요소들을 잘 조합하면 독특한 개성을 나타낼 수 있다. 이미지 컨설턴트인 제임스 그레이는 이렇게 역설한 바 있다.

체구가 작은 사람일수록 자신의 신체적 결함을 최대한 숨기고 체구를 크게 보이도록 하면서 권위 있는 인상을 풍겨야 한다. 또한 권위 있어 보이도록 풍채를 키울 필요가 있다. 하얀 와이셔츠에 가는 줄무늬 양복과 같이 어두운 색 옷을 입으면 근엄한 인상을 풍긴다. 체구가 작은 사람에게는 색이 대비되는 옷이 잘 어울리는데, 작은 체격을 크게 보이게 하는 효과가 있기 때문이다.

이처럼 자신의 단점을 보완하고 장점을 돋보이게 만드는 것이 특별한 외모를 만드는 비결이라고 할 수 있다.

✿ 브랜드 이미지를 전달하는 핵심 요소, 목소리

관객들이 꿀성대 배우에게 호감을 갖는 데에는 이유가 있다

우리가 한석규, 이선균, 이병헌, 하정우 등의 배우에게 특별히 호감을 느끼는 이유 중 하나는 바로 매력적인 보이스다.

목소리(억양, 말투) 또한 브랜드 이미지를 전달하는 핵심 요소다. 사람마다 얼굴이 다르듯 목소리도 저마다 다르다. 목소리는 그 사람의 고유한 정체성을 나타내는 중요한 요소라고 할 수 있다.

목소리에 힘과 에너지가 들어 있는 사람도 있지만, 자신감이 없는 사람도 있다. 어떤 사람은 상대편에게 에너지를 주면서 말하는 반면, 어떤 사람은 상대편의 에너지를 빼면서 말을 한다.

상대편에게 좋은 에너지를 주는 목소리를 내기 위해서는 호흡과 발성, 그리고 발음, 이 3가지에 주의를 기울여야 한다. 특히 목에서 내는 발성이 아니라 배를 울림통으로 사용하여 내는 발성이 듣기에도 좋다.

좋은 발성은 호흡과도 긴밀하게 연관되어 있는데, 복식호흡이 큰 도움이 된다. 복식호흡을 날마다 습관적으로 연습함으로써 다양한 음색을 내고, 고음과 저음을 동시에 들리게 하는 효과를 얻을 수 있다.

발음은 정확성이 무엇보다 중요하다. 입을 크게 벌리면서 말하는 것이 정확한 발음을 내는 데 도움이 된다. 발음이 부정확한 사람들은 대부분 입을 거의 움직이지 않고 소리를 내는 경향이 있다. 아나운서들처럼 볼펜을 입에 물고 발음을 교정하는 것도 큰 도움이 된다.

☀ 말보다 이미지, 메라비언의 법칙

대화에서 중요한 것은 언어보다 시각과 청각

상징(물), 외모, 목소리도 중요하지만 행동이나 자세를 조금만 바꿔도 훨씬 더 멋진 브랜드가 될 수 있다. 상대편의 말보다 보디랭귀지, 즉 몸짓언어에 매료되는 경우도 적지 않기 때문이다.

엄지손가락을 추켜올려 '최고'라는 의미를 전달하거나, 눈길이나 등을 돌려 '거절'의 뜻을 표현하거나, 눈빛으로 사랑을 고백하는 등의 몸짓언어를 사회학자들은 '비언어'라고 부른다. 다시 말해, 의미를 전달한다는 측면에서 몸짓언어도 일종의 언어인 셈이다.

비언어의 힘은 캘리포니아대학교 로스앤젤레스캠퍼스(UCLA) 심리학과 명예교수인 앨버트 메라비언(Albert Mehrabian)을 통해 증명되었다. 그는 1971년에 《무언의 메시지(Silent Messages)》라는 책에서 의사소통의 이론으로 '메라비언의 법칙(The Law of Mehrabian)'을 발표했다. 이는 의사소통을 할 때 '말'보다 '이미지'가 훨씬 더 중요시된다는 커뮤니케이션 법칙이다.

메라비언 교수의 연구 결과에 따르면, 일반적으로 의사소통에서 중요하다고 생각되는 '말'이나 '언어'가 차지하는 비중이 실제로는 7퍼센트에 불과하며, 비언어인 '이미지'의 비중이 93퍼센트에 달할 정도로 중요시된다고 한다. 여기서 말하는 이미지란 자세, 태도, 패션, 몸짓 등의 시각적 이미지(55퍼센트)와 톤이나 음색처럼 목소리로 표현되는 청각적 이미지(38퍼센트)를 합한 것이다.

이 메라비언의 법칙은 우리의 무의식 속에 자리 잡으며, 또 모든 영역에 걸쳐 영향력을 행사한다. 예를 들면 소개팅을 할 때 문을 열고 들어가서 자리에 앉아 인사를 나누는 그 짧은 순

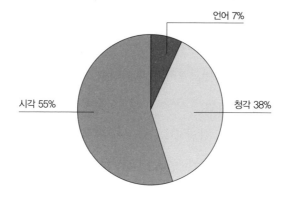

첫인상을 결정하는 요소, 메라비언의 법칙

간에 상대편의 몸짓과 목소리만으로 마음의 결정을 끝낸 경험들이 있을 것이다. 첫인사를 포함한 첫인상이 중요한 이유다. 앞에서 언급한 초두 효과가 바로 그것이다.

　만일 중요한 미팅이나 강연을 앞두고 '말의 내용'만 고민하고 있다면, 의사소통의 대부분을 차지하는 '이미지'를 놓치고 있다는 뜻이다. 또한 회의 때마다 준비되지 않은 태도와 불안한 목소리로 발표를 한다면 그 내용이 아무리 좋더라도 좋은 이미지를 남기지는 못한다. 상사가 부당한 지시를 내릴 때 온몸으로 거부 의사를 표현한다면 오히려 말로 하는 것보다 더 강한 부정의 뜻이 전달될 것이다.

　이런 예는 수없이 많다. 강사가 청중들과 제대로 시선 교환을 하지 못한다든지, 저자가 출판기념회 때 독자들에게 사인을 해주면서 다리를 떨고 있는 모습들은 모두 실패를 끌어당기는 비언어적 행동이다. 바로 이미지 메이킹이 중요한 이유다.

그런데 놀랍게도 많은 사람이 자신은 절대 그런 행동을 하지 않는다고 자신한다. 당연하다. 비언어는 무의식적으로 표출되기 때문에 미처 인지하지 못하는 것이다. 무의식적으로 굳어진 습관은 나도 모르는 사이에 튀어나온다. 그래서 우리는 다른 사람들의 비언어적인 행동에만 주의를 기울일 뿐, 직접적으로 영향을 받는 자기 자신에 대해서는 간과하고 있는 것이다. 동시에 말의 의도와 내용에 대한 고민만 할 뿐 비언어적 의사소통인 몸짓언어에 대해서는 신경 쓰지 않는다.

한편 몸짓언어는 사회적으로 학습되는 것도 아니다. 컬럼비아대학교 심리학과 교수 제시카 트레이시(Jessica Tracy)의 연구에 따르면, 선천적 시각장애인조차 스포츠와 같은 육체적인 경쟁에서 이겼을 때 비장애인과 마찬가지로 팔을 벌리며 환호하는, 즉 '힘의 과시' 행동을 보인다고 한다. 이는 결승점을 통과해 승리를 확인하는 순간, 본능적으로 자신을 크게 보이게 만드는 비언어를 사용하는 것이다. 마치 세력을 확장하려는 오랑우탄처럼 말이다.

비언어적 행동이 본질적으로 중요한 이유는 상대편과의 의

사소통 성패뿐만 아니라 잠재의식과 감정, 건강까지도 변화시키기 때문이다. 사람들은 행복할 때 웃기도 하지만 웃음으로써 행복해지기도 한다. 마찬가지로, 자신감을 가지고 힘 있는 모습을 하고 있으면 실제로 더 힘이 나기도 한다. 지금 책을 읽고 있는 자리에서 일어나 가슴을 활짝 펴고 팔을 쭉 뻗은 자세를 잠시만 지속해도 기분이 달라질 것이다.

이는 삶을 훨씬 더 나은 방향으로 변화시킬 수 있는 위대한 발견이다. 만약 강연을 앞두고서 떨고 있다면, 넓은 공터에 나가 팔을 넓게 벌리고서 심호흡을 하는 것이 마음을 진정시키고 자신감을 향상시키는 데 도움이 될 것이다. 삶이 나를 속이고 힘들게 할지라도 언제나 당당하게 어깨를 펴고 자신감 있는 미소를 지으면 생각이 긍정적으로 변화하기 시작한다. 하지만 고개와 어깨를 축 늘어뜨리고서 두 손 모아 휴대전화나 만지작거리고 있으면 힘이 솟아날 리가 없다.

생각이 변하면 행동이 변하고 행동이 변하면 삶이 변한다. 나는 "행복해서 웃는 것이 아니라 웃어서 행복한 것"이라는 말을 좋아한다. 아무리 힘들더라도 항상 웃을 수 있는 사람만이 고난과 역경을 이겨내고 진정한 스페셜 원으로 변화할 수 있다. 스페셜 원 프로그램이 그 변화의 과정에 힘이 되었으면 하는 바람이다.

✿ 몸값을 높이는 이미지 마케팅 전략

명함은 그저 연락처가 담긴 종이 한 장이 아니다

위와 같은 브랜드 세련화 과정을 거친 사람들, 즉 스페셜 원들의 몸값은 당연히 올라갈 수밖에 없다. 명성을 원하는 사람이라면 몸값을 높이기 위해 노력해야 하고, 주어진 모든 수단을 활용해서 이름을 알리기 위해 노력해야 한다.

몸값을 높임으로써 얻어지는 것은 금전적 보상만이 아니다. 특권과 명성을 덤으로 얻으면서 더욱 영향력을 키울 수 있는 발판을 얻게 된다. 즉 시너지 효과가 생기는 것이다.

미국의 유명한 경제 분석가 로버트 커트너(Robert Kuttner)는 몸값을 높이는 이미지 마케팅 전략을 효과적으로 구사한 사람 중 한 명이다. 그는 본래 주간지 〈비즈니스 위크(Business Week)〉의 '이코노믹 뷰포인트(Economic Viewpoint)'에 정기적으로 칼럼을 연재하고, 책을 몇 권 출간했을 뿐인 사람이었다. 하지만 이미지 컨설턴트의 도움을 받아 세련된 프로필 사진을 촬영하고, 자신의 브랜드를 드러내는 로고를 만들고, 그 로고가 박힌 명함과 포트폴리오를 담은 브로슈어를 들고 다니면서부터 상황이 달라졌다.

그는 네트워크 파티에서 우연히 만난 사람에게 자신의 명함과 포트폴리오를 건넸고, 이 기회를 통해 미국 내셔널 퍼블릭 라디오(National Public Radio, NPR)에 경제 논평을 내보낼 수 있었다. 이후 그는 더 많은 통신 채널들에서 자신의 이름을 알려 나갔고, 그 결과 경제정책에 관한 인기 논평자가 되었을 뿐만 아니라 경제 현안을 이해하기 쉽게 설명하는 경제 분석 권위자로 이미지가 바뀌었다.

우리는 이 사례를 통해 2가지 사실을 알 수 있다. 첫 번째는 탁월한 전문성이 스페셜 원이 되기 위한 필수 조건이라는 것이다. 탁월한 전문성을 갖춘 사람들이 모두 스페셜 원이 되는 것은 아니지만, 모든 스페셜 원들이 탁월한 전문성을 갖추고 있다는 것은 사실이다.

로버트 커트너 역시 경제 분야의 전문성을 토대로 몇 권의 책을 냈고, 잡지에 경제 칼럼을 기고하는 실력을 이미 갖추고 있었다. 여기에 더해진 이미지 마케팅이 그에게 날개를 달아주면서 '스페셜 서클'에 진입하게 된 것이다.

두 번째 교훈은 효과적인 이미지 마케팅의 중요성이다. 세상에 열심히 뛰지 않는 사람은 없다. 모든 사람이 열심히 뛴다. 이것이 바로 원 오브 뎀 트러블이다. 그 뛰는 놈 위에 나는 놈이 있다는 것이 세상 이치다. 그런데 아이러니하게도 뛰는 놈이 나는 놈보다 더 빛을 발하는 경우가 많은 것도 현실이다. 그 이유는 자신의 브랜드 가치를 세련되게 알리지 못했기 때문이다. 지금은 오직 실력 하나로만 승부하는 시대가 아니다. 실력이 아무리 뛰어나도 세상이 날 알아주지 않으면 헛일이다. 알아주길 기다려서는 더더욱 답이 없다. 내 몸을 움직여 마케팅을 해야 한다.

이러한 원 오브 뎀 트러블에서 벗어나기 위해서는 기존과 다른 극적인 변화를 보여주어야 한다. 이미지 변신을 통해 나를 알려야 한다. 프로필 사진과 로고, 명함, 브로슈어는 대표적인 이미지 커뮤니케이션 수단이다. 스페셜 원이 되기 위해서는 세련된 이미지 무기들을 갖춰야 한다.

모든 것이 준비되었다면 로버트 커트너처럼 목표 고객을 찾아내서 그들과 악수를 나누고 눈을 맞추고 관심을 이끌어내야 한다. 이 모든 행동이 93퍼센트다.

이 준비 과정에 앞서 브랜드 세련화 과정이 선행되어야 한다. 머리카락을 뾰족하게 세워도 좋고, 빡빡 밀어도 좋다. 가죽 점퍼를 입어도 좋고, 한복을 입어도 좋다. 그것이 당신이라는 브랜드를 알리는 데 도움이 되고, 상대편이 입소문을 내고 다니기에 좋은 수단이라면 과감히 행동에 옮겨야 한다.

참고로, 세련된 브랜드 이미지를 만드는 비밀 열쇠는 벤치마킹에 있다. 예를 들어 스타 강사처럼 보이고 싶은 사람이라면 프로필 사진을 촬영할 때 스타 강사들의 옷이나 헤어스타일, 포즈 등을 참고하는 것이다. 다른 사람들의 기억에 남는 명함을 제작하기 위해서는 성공적으로 디자인된 명함들의 사례를 조사해서 자신의 분야에 맞게 재창조하는 것이다.

포트폴리오 브로슈어도 마찬가지다. 명함이나 브로슈어는 그저 연락처가 담긴 종이 한 장이 아니다. 나를 새로 태어나게 만들 모든 디자인은 소수 고객의 성향에 맞게 만들어져야 한다. 이미 그것을 하고 있는 스페셜 선두 주자가 있다면 그의 모든 것을 연구하고 벤치마킹하는 것은 당신이 당연히 해야 할 많은 숙제들 중 하나다. 게으른 사람은 결코 하지 못하는 숙제 말이다.

✸ 후천적 카리스마를 만드는 비밀

몸을 똑바로 세우고 힘을 뿜어내라

우리는 스페셜 원의 자리에 오른 사람을 두고 '카리스마 있다'라는 표현을 즐겨 사용한다. 그들에게는 다른 레드로즈와 구분되는 어떤 강한 아우라가 있기 때문이다.

카리스마(charisma)는 '신의 은총'이란 뜻의 그리스어에서 유래된 말로서 사람을 끌어당기는 특별한 능력이나 자질을 말한다. 명성을 얻고자 한다면 갖춰야 하는 결정적 필요조건이라고 할 수 있다.

독일의 사회학자 막스 베버는 카리스마를 "어느 특정한 사람을 다른 사람들과 구분되게 하는 특징으로서, 초자연적·초인간적인 또는 비상한 힘과 능력을 지녔다고 사람들이 믿음으로써 생기는 것"이라고 정의하기도 했다. 카리스마는 관직이나 지위, 정당성에 대한 확신을 일으키는 능력에서 나온다는 것으로 카리스마적 권위(charismatic authority)가 실제로 존재한다는 것이다.

또한 카리스마에는 스타일, 매력, 말로 표현하기 어려운 분위기와 같은 모호한 개념도 내포되어 있다. 이미지 컨설팅 전문가들은 카리스마에 대해 다음과 같은 의견을 내놓았다.

카리스마가 있는 사람이 무대에 오르거나 앞에 나타나면 그 사람에게 눈을 떼지 못한다. 살짝만 봐도 그 사람의 기운이 느껴지기도 한다. 그 사람을 보면 활력, 열정, 생기가 생생히 전달된다. 이런 특성을 키워야 한다. 척추는 힘과 추진력의 원천이요, 이른바 몸의 전반에 생명력을 불어넣는 개인의 '원자력 발전소'다. 몸을 똑바로 세우고 힘을 뿜어내라. 곧 카리스마를 과시하게 될 것이다.

그렇다면 과연 카리스마를 형성하는 비결은 어디에 있을까? 카리스마란 선천적으로 타고나는 게 아닐까? 그래서 내게는 없는 게 아닐까? 그렇지 않다.

1996년 빌 클린턴의 재선을 성공으로 이끈 선거 컨설턴트 딕 모리스(Dick Morris)는 《신군주론(The New Prince: Machiavelli Updated for the Twenty-First Century)》에서 카리스마의 후천적 개발이 가능하다며 다음과 같이 주장했다.

카리스마란 현실 속에 어떤 구체적인 형태로 존재하는 것이 아니라 그 정치인의 오랜 노력과 좋은 이슈의 결실로서 오직 우리 마음속에만 존재하는 것이기 때문에 정치에서 가장 난해한 요소이다.

세계적인 마케팅 전문가로서 《마케팅 원리(Principle of Marketing)》, 《마케팅 관리론(Marketing Management)》, 《마켓 4.0 시대 이기는 마케팅(Marketing for Competitiveness)》 등 수많은 책을 집필한 필립 코틀러(Philip Kotler) 역시 후천적으로 카리스마를 키우는 2단계 방법이 있다고 강조했다.

그가 말하는 첫 단계는 '청중 분석'이고, 두 번째 단계는 카리스마를 강화하기 위한 '전략적 선택'을 실행하는 것이다.

첫째, '청중 분석'을 하는 목적은 그들의 기대, 성향, 욕구 등을 밝혀낸 다음 청중과의 일체감을 형성하기 위함이다. 사람들은 자신보다 능력이 뛰어나고 총명하며 공감대를 잘 만드는 사람에게 이끌리는 경향이 있다. 때로는 거만하고 무례하며 권위에 도전하는 사람에게 매료되기도 한다. 긍정적이면서도 부정적인 특성들은 어느 한 면이 부각되거나 복합적으로 나타나더라도 카리스마로 느껴지기에 충분하다. 청중이 그들만의 취향이나 선호하는 태도를 발견하는 순간 카리스마를 느낀다는 것이 핵심이다.

또한 청중의 기대치를 넘어섬으로써 강렬한 카리스마를 과시할 수도 있다. 이런 카리스마는 독특한 소재를 동원하거나 재치 가득한 태도에서 자연스럽게 나오기도 한다. 스티브 잡스의 빛바랜 청바지와 터틀넥 스웨터 차림이 깊은 인상을 주고, 도널드 트럼프의 위로 빗어 올린 머리카락이 눈에 잘 들어오듯 작은 노력으로도 충분히 카리스마를 뿜어낼 수가 있다.

청중이 원하는 브랜드 이미지를 드러내고, 시선을 주고받고, 그들의 가치를 높여주고, 극적 현실과 핵심 스토리를 매끄럽게 조합해 청중의 감정에 호소하는 것이 후천적 카리스마를 만드는 1단계다.

청중 분석 단계가 끝났다면 두 번째로 '전략적 선택'을 실행해야 한다. 예를 들어 어떤 교육회사 대표가 회의 때마다 목소리가 기어들어가고 분위기를 사로잡지 못해서 고민이라고 가정해보자. 그가 닮아야 할 사람은 배우처럼 차려입고 청중의 시선을 집중시키는 라이벌 기업의 대표일 것이다. 교육회사 대표가 카리스마를 갖기 위해서는 탁월한 전문성은 물론이고 적절한 시선 교환, 재기 발랄한 입담, 멋진 옷차림, 청중의 문제에 대한 관심 표현이 필요하다. 또한 유명 행사에 참석하고 사회 활동을 하는 열정적인 모습에서 카리스마가 뿜어져 나올 수도 있다.

필립 코틀러는 카리스마 있는 이미지를 갖기 위해 회의, 소규모 미팅, 강연, 개별 컨설팅 등에서 자신이 청중들에게 보이는 대외적 이미지를 철저히 분석했고, 그 결과를 바탕으로 자신감 있는 시선 교환과 호소력 있게 말하는 능력이 부족하다는 사실을 깨달았다.

이를 극복하기 위해 스피치 전문 기관에서 자신감 있게 말하는 방법을 배웠고, 불필요한 손동작을 줄이기 시작했다. 이와 함께 성공적인 브랜드 이미지 구축을 통해 패션과 헤어스타일에 변화를 주고, 전문가의 도움을 받아 소규모 집단과 의사소통하는 법, 효과적으로 프레젠테이션 하는 방법을 배워나갔다. 나아가 유명한 자선단체를 후원하고, 유명 지역단체에 가입함으로써 자신의 카리스마를 강화했다.

위 사례를 통해 알 수 있는 것은 카리스마가 선천적으로만 타고나는 것이 아니라 후천적으로도 만들어질 수 있다는 것이다.

카리스마는 청중의 기대를 인지하고, 청중의 기대대로 변신을 꾀함으로써 뿜어내는 힘이다. 이는 신비한 힘이라기보다는 한 분야에서 성공하기 위해 갖춰야 하는 태도와 이미지에서 자연스럽게 나오는 힘이라는 사실을 알아야 한다. 올바른 태도, 독특한 화법이나 동작으로 청중과 능숙하게 의사소통하는 과정에서 카리스마는 자연스럽게 형성된다.

다음 장에서는 온라인 공간에서 어떻게 신뢰감 있는 외적 이미지를 확산시킬 수 있는지에 대한 전략들을 다룬다. 대중들이 검색 사이트에 내 이름을 검색할 때 어떠한 이미지로 그려지는 것이 좋을지, 또 그것을 위해 어떻게 해야 하는지에 대한 안내다.

#SNS #팔로어의 힘

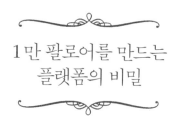

1만 팔로어를 만드는
플랫폼의 비밀

브랜드 이미지는 온라인을 통해 확산되는 외적 이미지와 인간 관계를 바탕으로 한 오프라인을 통해 완성되는 내적 이미지로 나뉜다.

포털 사이트에서 자신의 이름을 검색했을 때 노출되는 항목들을 세련된 이미지로 구축하고, 이를 확산성 높은 소셜 네트워크 서비스(SNS)와 영상 채널을 통해 잠재 고객들에게 지속적으로 확산시키면서 외적 이미지가 형성된다. 내적 이미지는 직접 대면하는 사람들에게 자신의 전문성을 바탕으로 세련된 이미지를 깊이 있게 전달하면서 형성된다.

브랜드 이미지를 성공적으로 구축하는 전략의 핵심은 온라인에서 형성된 외적 이미지와 오프라인에서 직접 대면했을 때 드러나는 내적 이미지가 동일하게 유지되어야 한다는 것이다.

두 이미지 사이에 충돌이 일어날 경우 (잠재) 고객의 신뢰를 잃을 뿐만 아니라 어렵게 쌓아 올린 부와 명성이 물거품이 될 수도 있다. 검색되지 않는 것이 없는 세상, 이제 눈 가리고 아웅할 수 있는 시대가 아니다.

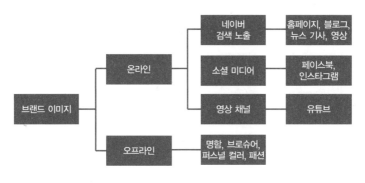

온 · 오프라인을 통한 브랜드 이미지의 확산 과정

✿ 수익이 따라오는 영향력의 법칙

사람 수에 따른 영향력만큼 부를 얻게 된다

우리 모두는 이 세상에 태어난 이유가 있다. 나는 누구에게나 이 세상에 태어난 소명이 있으며 그 소명을 다하기 위한 특별한 능력이 잠재되어 있다고 믿는다.

'원 오브 템'에서 '스페셜 원'으로 변화하는 것이야말로 개개인이 가진 소명을 다하기 위해 자신이 가진 특별한 능력을 발휘하는 일이다. 이 일은 자신의 능력을 발휘하는 것을 넘어서 많은 사람들에게 선한 영향력을 전할 때 더욱 빛을 발하게 된다.

'영향력의 법칙'에 따르면 타인에게 영향을 끼치는 만큼 부를 얻게 된다고 한다. 예를 들어 1명에게 서비스를 제공하는 사람은 1명에 따른 영향력만큼 부를 얻게 되지만 그 숫자가 1,000명이면 그에 따른 부를 얻게 된다는 것이다. 당연한 말 같지만 1만, 10만, 100만 명으로 단위가 커지다 보면 부의 증가는 기하급수적으로 폭이 커지게 된다. 어느 정도 규모가 커진 다음부터는 명성이 부를 낳고, 부가 다시 명성을 키우기 때문에 큰 노력을 기울이지 않아도 영향력은 계속해서 커지게 된다. 이것이 바로 스페셜 원 프리미엄이다.

세상에 존재하는 모든 부자들이 영향력의 법칙하에 있다고 해도 과언이 아니다. 스타들은 수백만 명을 즐겁게 함으로써 돈을 벌고, 글로벌 기업들은 수천만 명에게 제품을 판매함으로써 이윤을 창출한다. 프로 선수, 화가, 가수, 작가 등도 모두 마찬가지다. 천문학적인 숫자의 돈을 거꾸로 거슬러 올라가다 보면 그 끝에는 언제나 엄청난 숫자가 붙은 영향력의 법칙이 작동하고 있다.

나 역시 페이스북과 인스타그램 팔로어가 5만 6,000명을 넘어섰고, 외부 강연과 책을 통해서도 다수의 대중들과 소통하고 있다. 이를 통해 공식적인 영향력과 명성이 유지되고, 스페셜 원 프로그램에 대한 강한 신뢰성이 부여된다. 강연이 끝나면 팔로어가 늘어나고, 팔로어가 늘어나면 강연 섭외가 늘어난다. 이 패턴이 바로 지식에 명성과 영향력이 결합되어 수익을 창출해내는 대표적인 방식이다.

많은 사람들에게 자신의 지식과 경험, 브랜드 가치를 전달하는 것, 그것이 영향력인데 이를 발휘하는 방법은 다양하다. 소수의 고급 타깃층을 대상으로 극대화된 영향력을 발휘할 수도 있고, 다수의 대중들을 대상으로 널리 확산되는 영향력을 발휘할 수도 있다.

개인적으로는 다수의 대중들을 위한 강의보다는 선별된 VIP를 대상으로 하는 소규모 강의를 선호한다. 스페셜 원 프로그램이 그렇다. 이 강의는 듣고 싶다고 해서 아무나 들을 수 있는 것이 아니다. 개별 컨설팅을 통해 해당 분야의 전문성이 입증된 사람들만을 대상으로 강의를 진행한다. '아무나'가 아니라 '특별한 누군가'를 대상으로 하는 것이다.

지금도 아나운서, 방송 PD, 교육 및 IT, 엔터테인먼트 회사의 CEO 등 다양한 분야의 전문가들이 소속되어 모임을 형성하고 있는데, 상당한 자부심과 소속감을 가지고 있다. 소규모이기 때문에 가능한 부수 효과라고 할 수 있다. 다음의 예시 역시 그런 경우다.

> 미국의 4인조 록 밴드 피시(Phish)는 일정 규모의 열렬한 추종자가 생기고 난 뒤부터 미디어 노출을 피하는 방법으로 추종자들만 관리해왔다. 청중의 규모를 작게 유지하고, 활동 무대도 엄선함으로써 브랜드의 독특함을 잃지 않은 채 오랫동안 팬들의 지지를 얻었다. 이를 통해 팬들과 더욱 깊은 유대감과 신뢰를 구축했음은 말할 것도 없다. 때문에 피시헤드(Phishead)라 불리는 그들의 열성 팬들은 스스로를 특별하다고 생각한다. 피시헤드는 피시의 거의 모든 공연을 따라다니면서 라이브를 녹음하고 서로 공유하는 것으로 유명하다. 이것이 지난 20년간 록 밴드 피시가 살아남을 수 있었던 방법이다.

영향력을 넓히는 또 하나의 방법은 이미 영향력을 갖춘 사람들과 함께 일하는 것이다. 영향력은 서로 합쳐질 때 더욱 커진다. 스타 유튜버들은 서로 함께 방송에 출연하고, 유명한 강사들이나 저자들은 함께 강연회를 연다. 우수한 강사들은 함께 수업을 기획하고, 유명 연예인들이 함께 출연한 영화는 대중들에게 더 많은 인기를 얻는다. 콜래보레이션은 그 자체로 이미 시너지다. 혼자 방 안에 앉아 조선 시대 선비처럼 지식만 쌓는 것은 연결과 융합으로 대표되는 4차 산업혁명 시대에 맞지 않는다.

영향력 있는 사람들과 함께 일한다는 것은 자신 또한 비슷하거나 동등한 수준의 영향력을 갖는다는 것을 의미한다. 그렇다고 해서 꼭 파트너보다 더 성공해야 하는 건 아니다. 나와 비슷한 수준의 사람들과 힘을 합침으로써 조금 더 큰 영향력을 발휘하고, 그 영향력을 통해 조금 더 큰 영향력을 가진 사람들과 일할 수 있는 기회를 만드는 데 의미가 있기 때문이다. 영향력이 확장되는 패턴의 키워드는 '차근차근', 그리고 '꾸준히'다.

나 역시 영향력을 넓히고 더 많은 사람들과 소통하기 위해 다양한 방법을 시도해왔다. 적지 않은 시행착오를 겪으면서 차근차근 단계를 밟아나갔고, 그 결과 영향력이 커지면서 그에 상응하는 부와 명성도 얻을 수 있었다.

그 방법을 성공의 7단계 법칙으로 정리해서 이 책에 담았다. 이 법칙은 역사적으로 위대했던 지성인들이 유산으로 남긴 성공의 비밀을 파헤치면서 만들어나간 것이다. 명심해야 할 것은 위인들이 하룻밤에 만들어진 것이 아니라는 사실이다. 그 누구라도 처음부터 큰 영향력을 갖는 것은 불가능하다. 꾸준함이 무엇보다 중요하다.

독자 여러분 역시 이 책이 제시하는 방법을 따라 한 계단 한 계단 차근차근 올라가다 보면, 또 포기하지 않고 꾸준히 도전하다 보면 어느 순간 주변 사람들과 비교할 수 없을 만큼 큰 영향력을 가진 자신을 발견하게 될 것이다. 그리고 원고 청탁이나 강연 섭외 등의 연락을 받게 될 날이 올 것이다. 그런데 섭외 담당자가 내 연락처를 어디서 어떻게 찾지? 검색창에 이름을 입력해 넣으면 그 결과는?

✿ 당신은 왜 검색되어야 하는가?

온라인에서 검색되지 않는 사람은 인선(人選)에서 제외될 확률이 높다

오늘날 인터넷은 비즈니스와 일상생활에서 빼놓을 수 없는 도구가 되었다. 모르는 말이나 사물이 있으면 무조건 인터넷으로 검색을 한다. 약속 장소 선정은 물론이고 알고 싶은 인물이나 거래처가 있을 때면 포털 사이트 검색창부터 열어보게 된다. 손에 늘 스마트폰을 들고 있으니 무엇 하나 검색하지 않는 날이 없다. 독자 여러분도 틀림없이 내 이름 석 자를 검색해봤을 것이다.

융합과 연결을 특징으로 하는 제4차 산업혁명과 맞물리면서 모든 검색이 인터넷을 통해 이뤄진다고 해도 과언이 아니다. 특히 비즈니스 세계에서는 날마다 '사람 검색'이 이루어지고 있다. 따라서 스페셜 원이 되고자 한다면 각별히 관심을 기울여야 한다.

인터넷에서는 업무에 적합한 사람을 선택하는 인선(人選) 과정이 끊임없이 반복된다. 선택의 대상이 되는 경우도 마찬가지다. 이직이나 채용은 말할 것도 없고 승진, 프로젝트 팀원 공모, 사업 파트너 물색, 강연자 섭외, 작가의 포트폴리오, 활동가의 이력 등 목적이나 분야도 다양하다.

'필요한 사람 찾기'는 지금 이 시간에도 계속되고 있지만 여전히 많은 사람들이 자신을 그 검색 대상으로 만드는 방법을 모르고 있다. 어떻게 자신의 가치를 높일 수 있는지를 모르는 것이다. 아니, 자신은 그럴 만한 가치가 있는 존재가 될 수 없을 것이라 생각하며 시도조차 하지 않는다. 원 오브 뎀 트러블에서 벗어나고자 한다면 더 늦기 전에 '선택될 만한 이유가 있는 개인', '검색 사이트에서 검색되는 자신'을 목표로 온라인 플랫폼을 다져나가야 한다.

나는 관리자나 고객에게 검색되는 존재인가?

이것이 우리가 스스로에게 던져야 하는 첫 번째 질문이다. 한국인이 가장 많이 사용하는 포털 사이트는 단연코 '네이버'다. 네이버에서 검색되지 않는다면 외부 인물을 영입하는 인선에서 제외될 확률이 매우 높다.

비즈니스 세계에서 온라인을 통한 외부 강연자 섭외는 보통 '검색 사이트'와 '소셜 미디어'를 통해 이루어진다. 먼저 검색 사이트를 사용하는 예를 한번 살펴보자.

대기업 S사의 직원인 B는 상사로부터 "국내외 유명 인사들이 함께하는 VIP 모임에서 '제4차 산업혁명'을 주제로 강연을 할 수 있는 전문가"를 섭외하라는 지시를 받았다. B는 주저함 없이 네이버에 들어가서 '4차 산업혁명'을 주제로 검색을 시작했다. B는 키워드를 위주로 검색을 했는데 주로 '4차 산업혁명, 4차 산업혁명 강의, 4차 산업혁명 교육' 등이었다. 관련된 신문 칼럼, 책 등이 검색되었고, 그중에서 가장 자주 등장하는 C를 찾아 집중적으로 조사했다. 유튜브에 올라온 강연 영상을 찾아보고 사람들의 댓글까지 읽어보는 등의 검증을 거친 다음 섭외 요청을 위한 연락을 취했다.

위 사례에서 주목해야 할 부분은 ① 키워드를 통해 검색이 이뤄진다는 점, ② 해당 키워드를 검색했을 때 눈에 띄고 자주 등장해야 한다는 점, ③ 실제 강연 영상과 후기를 통해 검증이 가능해야 한다는 점이다.

그렇기 때문에 '전략적 키워드 설정'과 '다수의 상위 노출(홈페이지, 블로그, 카페, 뉴스, 동영상 등)', 그리고 '강연 영상과 후기'를 갖추고 있는 것이 중요하다.

한편 소셜 미디어를 통한 인선은 무작정 검색을 통한 섭외가 아니라 오프라인에서 본 적은 없지만 평소 알고 있던 지인을 섭외하는 경우가 많다.

평소에 페이스북을 즐겨 하던 E는 D가 올린 다양한 강연 활동과 고객 컨설팅 과정, 다수의 금융 자격증을 보면서 그가 '자산 관리 전문가'라는 사실을 인지하고 있었다. 친구 신청을 하고 꾸준히 팔로잉을 하던 E는 때마침 회사에서 '은퇴 후 자산 관리'에 대한 외부 강사 섭외 업무를 맡게 되었고 평소에 소통하고 지내던 D를 섭외했다.

페이스북이 22억 명 넘는 사용자와 함께 인류 역사상 가장 거대한 규모의 마케팅 플랫폼으로 발전했고, 인스타그램 역시 7

억 명이 넘는 엄청난 시장으로 성장했다. 최근에는 유튜브가 급성장하면서 매달 로그인 가입자가 18억 명에 달한다. 로그인하지 않고 영상만 보는 이용자를 제외한 수치가 이 정도다.

참고로, 최근 국내 추세는 페이스북 사용자가 줄고 인스타그램 사용자가 늘고 있다. 앱 분석 업체 와이즈앱은 2018년 5월 기준 국내 안드로이드 스마트폰 이용자의 페이스북 앱 사용 시간이 총 42억 분으로, 2017년 5월(65억 분)보다 35퍼센트 감소했다고 밝혔다. 반면, 인스타그램은 15억 분을 기록하며 1년 전(11억 분)보다 36퍼센트 증가했다.

일부 전문가들은 페이스북에 정치적 글들이 많아지면서 피로감을 느낀 사용자들이 사진과 짧은 글 위주로 운영되는 인스타그램으로 이동했다고 보고 있다. 하지만 나처럼 어느 한 곳으로 이동하지 않고 각각의 소셜 미디어를 용도에 맞게 활용하는 사람도 많다. 각 사이트에서 얻을 수 있는 기회가 모두 다르기 때문이다.

☆ 소셜 미디어가 가져다준 기회들

나는 소셜 미디어를 통해 결혼까지 했다

나는 지금까지 소셜 미디어를 통해서 많은 기회를 얻었다. 비즈니스는 물론이고 개인적으로 인생을 바꾸는 기회까지 소셜 미디어를 통해 얻었다.

먼저, 국내에 크라우드 펀딩(crowd funding)이라는 개념이 생소했던 2014년, 크라우드 펀딩을 통해 페이스북으로 3,000명이 넘는 사람들과 소통했고, 그중에서 300명 넘는 사람들에게 투자를 받기도 했다.

당시 국내 최대 크라우드 펀딩 회사였던 와디즈(Wadiz)의 최동철 이사님이 페이스북을 통해 프로젝트 진행을 함께 하자고 제안해주었고, 그 진행이 개인적으로 한 단계 성장하는 계기가 되기도 했다. 만일 그때 페이스북을 통한 인선의 과정이 없었다면 지금의 내가 있을 수 있을까?

2016년 출간해 베스트셀러가 된 《수능 영어영역 기출분석의 절대적 코드》는 "누구에게나 수준 높은 교육의 기회를 제공한다"라는 가치 아래 선생님들과 학생들이 무료로 쓸 수 있도록 PDF 파일을 만들어 사이트(http://www.seumenglish.com)에 올렸다.

이 자료는 3년 동안 무려 3,000건 이상의 공유가 이루어졌다. 전국의 영어 교사, 학원 원장, 학생들에게서 수많은 쪽지를 받았고, 대기업 CEO의 가족과 자녀들을 가르치는 인연이 만들어지기도 했다. 카페와 블로그라는 온라인 플랫폼이 존재하지 않았다면 얻지 못했을 소중한 기회였다.

아내를 만난 것도 페이스북을 통해서였다. 저술과 강연 활동을 꿈꾸던 아내는 페이스북을 통해 나와 함께 꿈과 열정을 공유하고 싶은 마음에 연락을 취해 왔다. 알고 보니 우리는 이미 1년 전부터 페이스북 공통의 친구(mutual friend)가 있었다. 서울국제경제자문단(SIBAC) 총회에서 미국 AIG 그룹 수석 부사장의 수행 통역을 하면서 알게 된 친구가 중간에 있었던 것이다. 그 친구를 통해 서로의 연락처를 주고받으면서 본격적으로 만남이 시작되었고 6개월 만에 결혼에 골인했다. 우리는 농담으로 마크 저커버그에게 감사의 선물을 보내야 한다는 얘기를 하곤 한다.

한편 출판사와 세움스쿨이 공동으로 기획한 '공동 저서 프로젝트'는 온라인 플랫폼을 통해 저자들을 선발하는 혁신적인 방식으로 진행되었다. 자연스럽게 이루어진 온라인 사전 홍보의 영향으로 《다채로운 지식의 식탁》(2017년)은 출간 1주일 만에 네이버 및 예스24 베스트셀러에 올랐다.

또 다른 책 《지식을 돈으로 바꾸는 기술》(2017년)이 출간과 동시에 베스트셀러에 오른 것도, 나아가 태국과 베트남, 말레이시아로 수출을 앞두고 있는 것도 모두 소셜 미디어의 힘이다.

또한 스페셜 원 프로그램을 수강하는 아나운서, 각계각층의 CEO, 방송 PD, 분야별 전문가들도 모두 이러한 소셜 미디어를 통해 모인 사람들이기에 나에게 온라인 플랫폼이 갖는 의미는 매우 각별하고 소중하다.

독자 여러분 역시 평소에 꾸준히 정성을 기울여 '온라인에서 나의 이미지'를 만들어나가면 갑자기 예상치도 못한 새로운 기회가 창출될 수도 있다. 확신한다.

☆ 키워드를 통한 전략적 프로모션

해답은 나노 키워드!

이번 주말에 사랑하는 사람과 함께 명동에서 쇼핑을 하고 어느 근사한 프렌치 레스토랑에서 와인을 곁들인 식사를 할 계획이라면?

대부분의 사람들이 검색 사이트에 접속해 '명동 데이트 코스, 명동 맛집, 프렌치 레스토랑, 와인' 같은 키워드를 이용해 정보를 검색할 것이다.

인선 과정도 비슷하다. 예컨대 영어로 국제 행사를 진행할 사회자가 필요해서 '영어 사회자, 프리랜서 영어 아나운서' 등의 키워드로 검색했는데 결과에 나오지 않는 사람이 섭외될 가능성이 얼마나 될까? 아마도 극히 낮을 것이다.

그렇기 때문에 검색되고 싶은 '키워드'를 장악하는 것은 굉장히 중요하다. 하지만 검색되기 위해 많은 노력을 기울이고 있는데도 검색되지 않는 경우가 있다. 이는 다음과 같은 질문과 답변으로 대변된다.

"블로그와 카페에 아무리 새 글을 올려도 검색되지 않아요, 어떻게 해야 하죠?"

"해답은 나노 키워드!"

사실 수많은 마케팅 대행사들이 수십, 수백 개의 네이버 아이디를 만들어 유명한 키워드(병원, 맛집, 성형 등)를 선점하고 있는 상황 속에서 개인이 메인 키워드(main keyword)를 선점하는 것은 현실적으로 거의 불가능하다. 만일 대행사에 수백, 수천만 원의 비용을 지불할 생각이 아니라면 스스로 '나노 키워드(nano keyword)'를 설정해야 한다.

예를 들어 기존의 메인 키워드가 '청바지'였다면 나노 키워드는 '찢어진 청바지', '아무개(연예인) 청바지', '가을 청바지' 등이라고 할 수 있다. 이처럼 나노 키워드란 기존 메인 키워드에서 시장 영역을 조금씩 축소하는 것이다. 이는 검색될 확률, 상위에 노출될 확률을 높이는 방법이다. 나노 키워드는 객관적인 빅데이터를 통해 선정할 수 있는데, 그러기 위해선 먼저 네이버 키워드 분석 방법을 알아야 한다.

네이버 메인 화면의 맨 아래(하단)를 보면 '비즈니스·광고' 버튼이 있다. 이를 클릭해 들어간 다음 '검색 마케팅' 버튼을 누르면 "정보를 찾는 사람과 정보를 제공하는 사람을 정교하게 연결하는 최적의 마케팅 플랫폼, 네이버 검색 광고"라는 문구가 뜬다. 이를 간단하게 표현하면 '인선'이다.

로그인 및 광고주 가입을 한 다음 우측 상단에 위치한 '광고 시스템', '도구', '키워드 도구' 버튼을 차례대로 클릭한다. 만약에 당신이 선글라스를 판매하고 싶다면 키워드로 '선글라스'를 검색할 것이다. 그러면 화면에 다음 그림과 같이 PC에서는 1만 500건, 모바일에서는 3만 700건이라는 검색 결과가 나타난다. 앞서 언급한 것처럼 이렇게 치열한 키워드인 경우 수많은 마케팅 대행사들이 상위 노출을 위한 홈페이지(파워링크), 뉴스, 블로그, 카페 등에 관한 모든 상위 노출을 선점하고 있다. 개인이 따라잡기란 거의 불가능하다.

네이버 검색 광고 화면

따라서 밑에 나오는 연관 검색어 중에서 상대적으로 검색 수가 적은 '남자 선글라스, 미러 선글라스, 여자 선글라스'와 같은 나노 키워드를 제목으로 홈페이지를 만들고, 뉴스 기사를 송출하고, 포스팅을 하고, 관련 카페에 콘텐츠를 올리는 편이 낫다. 이렇게 빅데이터에 근거해서 나노 키워드를 선정한 뒤 마케팅 활동을 지속하면 해당 키워드를 선점할 가능성이 높아진다.

한편 '키워드 도구'는 단순히 검색 수를 알려주는 것 이상의 기능을 한다. 해당 키워드가 1년 중 어느 달에 가장 활발하게 검색되는지, 남성과 여성 중 누구에게 더 많은 관심을 받는지, 어떤 연령층이 주로 검색하는지에 대한 정보까지도 얻을 수 있다. 이를 통해 1년 중 '언제', '누구에게', '어떤 제품'을 집중적으로 마케팅하고 판매해야 할지에 대한 객관적인 정보를 얻을 수 있는 것이다.

대부분의 사람들은 선글라스 판매 매출이 7월이나 8월에 가장 높을 것이라고 생각한다. 하지만 키워드 검색 결과는 다르다. 네이버에 따르면, 5월에 '선글라스'에 대한 검색 수가 폭발적으로 증가했다. 봄이 사라지고 5월부터 이미 여름휴가를 준비한다는 해석이 가능하다. 또한 남성과 여성이 거의 비슷하게 검색을 하며, 주로 30세에서 39세의 연령층이 가장 많이 검색한다는 사실까지 알려주고 있다. 판매자는 이러한 정보를 바탕으로 예산을 가장 효율적으로 집행하기 위한 마케팅 플랜을 세울 수 있다.

'키워드를 통한 전략적 프로모션'은 모든 산업 분야에 적용할 수 있다. 블로그를 가르치는 강사라면 '블로그'가 아니라 '블로그 강의, 블로그 교육, 블로그 강사'라는 나노 키워드를 선점하는 것이 중요하다. 자기계발서 저자라면 '책'이 아니라 책의 키워드가 담긴 나노 키워드를 선정하여 마케팅하는 것이 필요하다.

이렇게 메인 키워드와 나노 키워드를 선정하고, 나노 키워드를 제목으로 한 홈페이지를 제작하고, 블로그에 꾸준히 포스팅을 하며, 뉴스 기사를 송출하고, 영상을 제작해 업로드 한다면 해당 키워드를 선점하고 검색 수를 높이는 결과를 얻을 수 있을 것이다.

✿ 소셜 미디어에서 1만 팔로어 만드는 방법

이미지, 콘텐츠, 꾸준함이 비결

소셜 미디어에서 가장 중요한 것은 '팔로어' 다. 개인의 영향력은 얼마나 많은 팔로어가 있는가에 따라 결정된다. 팔로어 숫자는 곧 내가 소통하는 사람들의 숫자를 의미하며, 이는 나와 직간접으로 영향을 주고받는 사람들의 숫자를 나타낸다.

앞서 언급한 영향력의 법칙이 여기에도 적용된다. 1명에게 끼치는 영향력을 가진 사람과 1만 명에게 끼치는 영향력을 가진 사람의 수익은 분명코 다르다. 팔로어 수가 늘어날수록 수익이 늘어날 가능성 또한 높아진다.

성공적인 온라인 플랫폼을 구성하는 3가지 요소

팔로어를 늘리는, 즉 성공적인 온라인 플랫폼을 구성하는 요소는 다음과 같다.

- 성공적인 브랜드 이미지
- 양질의 콘텐츠
- 꾸준함

앞서 살펴본 것과 같이 이미지, 특히 브랜드 이미지의 힘은 꽝장히 강력하다. 나 역시 성공적인 브랜드 이미지를 완성하기 위해 BI와 CI를 전문적으로 제작하는 디자인 회사를 통해 세움스쿨의 로고를 제작하고 깔끔한 명함을 만들었다. 연예인 촬영을 전문으로 하는 스튜디오에서 프로필 사진도 촬영했다.

스페셜 원 프로그램을 수강하는 전문가들 역시 성공적인 브랜드 이미지를 완성하는 데 많은 노력을 기울인다. 수강생들은 세움스쿨과 파트너 관계가 구축된 회사들을 통해 성공적인 이미지 변신을 꾀하게 된다.

이러한 브랜드 이미지들을 온라인 플랫폼에 적용해보면 그 전과 후의 반응이 확연히 달라진다. 브랜드 이미지가 있다는 것만으로도 성공한 브랜드로 인식된다.

페이스북에서는 섬네일(프로필 사진) 이미지와 커버 이미지가 중요하고, 인스타그램에서는 프로필 이미지가 중요하며, 네이버 블로그에서는 스킨 디자인이 중요하다. 그것들이 고객이 접하는 나의 첫인상이기 때문이다. 첫인상에서 많은 것이 결정된다. 초두 효과에 따라 머릿속 깊이 각인되면서 그 인상은 한번 결정되면 좀처럼 변하지 않는다.

성공적인 온라인 플랫폼을 구성하는 나머지 요소 2가지는 양질의 콘텐츠와 꾸준함이다. 전문성 있는 이미지를 제작하고 나면 그에 맞는 콘텐츠를 생산하는 것이 중요하다. 단순히 이미지만 멋지다고 해서 사람들을 끌어당기는 힘이 생기는 것은 아니기 때문이다.

콘텐츠는 세련된 스토리와 함께 만들어질 때 더욱 폭넓은 공감을 얻고 많은 사람들에게 확산된다. 전문성을 입증할 뿐만 아니라 목표 고객층이 공감할 만한 콘텐츠를 기획하고 생산해내는 것이 중요하다.

공유할 콘텐츠가 없다고 생각하지 말고 일단 자신의 관심사를 하나둘씩 올리는 것이 중요하다. 이때 중요한 것은 꾸준함이다. '양(量)'이 쌓이고 쌓이면 '양질(良質)'이 된다. 꾸준히 하다 보면 어느 순간 대중이 좋아하는 콘텐츠를 생성하고 있는 자신을 발견하게 될 것이다.

더 많은 콘텐츠는 더 많은 '좋아요'를 낳고, 더 많은 '좋아요'는 더 많은 이웃과 더 양질의 콘텐츠를 만들게 할 것이다. 이러한 선순환 구조에 진입한다면 자연스럽게 명성이 높아지고, 영향력이 커지고, 그에 맞는 수익을 창출하게 된다. 당신은 언젠가 누군가에 의해 검색될 것이고, 그것이 당신의 가치를 높여줄 것이다.

하룻밤에 스타가 되는 경우는 많지만 그 인지도 지속 기간은 길어야 1주일이다. 그렇기 때문에 오랜 노력과 정성을 담아 플랫폼을 만드는 과정이 필요하며, 그 기간은 최소 1년이 소요되고, 3년 차가 되었을 때를 가장 빠른 성장의 시기로 본다.

성공적인 온라인 플랫폼 운영의 4단계 프로세스
성공적인 온라인 플랫폼 운영은 아래 4단계의 과정을 거친다.

첫 번째 시작은 벤치마킹이다. 페이스북과 인스타그램, 블로그 중에서 디자인, 콘텐츠, 구성이 마음에 드는 벤치마킹 대상을 찾는 일이 첫 번째다. 성공적인 플랫폼을 제작하기 위해서는 이미 성공한 플랫폼의 장점을 통해 배워야 한다. 해당 플랫폼이 어떤 형식으로 디자인을 했는지, 어떤 제목과 내용의 콘텐츠를 만들고 있는지, 메뉴나 스토리 구성은 어떻게 했는지를 배우는 것이다.

그다음은 실제 플랫폼을 직접 제작해보는 단계다. 페이스북과 인스타그램 계정을 만들고, 네이버 블로그를 제작한다. 벤치마킹한 대상을 참고해서 프로필 사진을 촬영하고, 전문 디자인 회사에 네이버 블로그 스킨 제작을 의뢰한다.

각각의 플랫폼을 분석한 책을 읽고, 그 내용을 실제로 적용하면서 여러 가지 시행착오를 거치는 것이 이 과정에 속한다. 나 같은 경우는 어떻게 만들까 고민하지 않고 곧바로 디자인을 제작한 뒤 소셜 미디어에 관련된 다양한 책을 읽으면서 하나씩 하나씩 적용해나갔다.

세 번째 프로세스는 콘텐츠를 제작하는 단계다. 페이스북과 인스타그램은 '3초 전쟁'이라고 불릴 정도로 구독자들의 호불호가 빠르게 결정된다. 때문에 짧은 시간 내에 사람들의 시선을 사로잡을 수 있는 콘텐츠를 제작해야 한다.

반면에 블로그는 해당 키워드에 관심이 있는 사람의 궁금증이나 니즈가 충족될 수 있는 수준의 전문성 있는 글이나 내용을 제작해야 한다. 같은 콘텐츠라도 플랫폼에 따라 널리 확산될 수도 있고, 몇 명이 보는 수준에 그칠 수도 있다.

이러한 확산성을 높이기 위해서는 해당 플랫폼이 가진 고유한 알고리즘을 이해해야 한다. 플랫폼이 작동하는 알고리즘을 알고 있으면 상대적으로 짧은 시간 내에 소셜 미디어에서 영향력을 갖춘 스타가 될 수 있다. 효과적인 마케팅 플랜을 수립하고, 체계화된 단계에 따라 예산을 편성하고, 이미지를 제작하며, 콘텐츠를 확산시키기만 하면 되기 때문이다.

하지만 플랫폼 알고리즘 정책은 누군가가 편법으로 상위 키워드를 선점하거나 광고 노출을 통해 고객의 피로도를 누적시키는 것을 막기 위해 지속적으로 변화하기 때문에 이 책에 자세하게 담고 싶어도 담을 수가 없다.

따라서 오프라인으로 만나는 스페셜 원 프로그램 수강생들에게 플랫폼의 알고리즘에 대해 알려주고 업데이트된 정보를 공유하는 것이 내가 할 수 있는 최선이다. 이 부분에 대해서는 독자 여러분의 양해를 구한다. 그럼에도 불구하고 궁금한 사항들은 세움스쿨 공식 홈페이지(www.seumschool.co.kr)를 통해 문의하면 직접 답변하거나 도움이 될 만한 책을 추천해줄 수 있다.

성공적인 온라인 플랫폼 운영의 네 번째 프로세스는 구독자의 피드백을 통해 플랫폼을 수정 및 보완하는 단계다. 수정 및 보완에서 중요한 것은 지속적으로 해야 한다는 것이다. 온라인 플랫폼뿐만 아니라 강의, 컨설팅, 책, 칼럼, 제품 등 지식산업의 거의 모든 것이 피드백 대상이다.

고인 물은 썩는다. 세상은 계속해서 빠르게 변화하고 있고, 독자들과 청중들이 원하는 콘텐츠도 계속해서 변하고 있다. 변화하는 상황에 맞춰 새로운 트렌드와 지식에 관심을 기울이고, 오프라인에서 만나는 다양한 사람들에게 자신의 플랫폼에 대해 끊임없이 묻고 피드백을 받아야 한다. 이 피드백을 바탕으로 더 나은 플랫폼과 콘텐츠를 만들어낼 수 있다. 이는 소통을 바탕으로 한 신뢰를 쌓는 과정이며, 이 과정은 당신이 가진 명성과 영향력을 한층 더 넓혀줄 것이다.

온라인 플랫폼을 통해 무엇을 제공할 것인가?

지금까지 효과적인 온라인 플랫폼을 만드는 방법에 대해 알아봤다. 그렇다면 이제는 온라인 플랫폼을 통해 무엇을 제공할 것인지 고민할 차례다.

평범한 일상, 특별한 경험, 다양한 성취, 도전, 사랑 등 플랫폼을 통해 전달할 수 있는 것들은 많다. 하지만 대부분 원 오브 뎀으로 전락하기 쉬운 것들이다. 스페셜 원이 되기 위해서는 나만의 고유한 지식과 노하우가 있어야 한다. 또한 그것의 일부를 잠재 고객들에게 무료로 제공할 수 있어야 한다. 그 정도 자신감은 있어야 한다.

이를 '공짜 가치 전략'이라고 한다. 시식, 무료 샘플, 미리 보기 등이 이에 속한다. "먹어보고 맛이 좋으면 구매를 결정", "샘플을 들어보고 수강 신청을 결정", "샘플을 한번 보고 출판계약을 결정"하라는 것이다.

이는 돈 받고 팔아야 할 물건을 공짜로 준다는 것이 아니라 미끼로 활용해 비용 대비 더 많은 고객을 유치하는 전략이다. 다만 이 전략에는 양이나 시간에 관한 '리미트'라는 것이 있다.

상품을 무한정 제공하면 그 가치가 하락하게 된다.

수많은 빵집들이 "갓 구운 빵입니다. 맛도 좋고 가격도 저렴해요"라고 소리치며 판매한다. 하지만 모두가 최고라고 외치기에 고객들의 시선을 사로잡는 데 너무 많은 시간과 노력이 소모된다. 원 오브 뎀 트러블이다.

스페셜 원들의 접근 방법은 다르다. 그들은 갓 구운 빵을 사람들에게 한 입씩 맛보게 하는 방식으로 자신의 상품 중 일부를 잠재 고객들에게 무료로 나눠 준다. 심지어 방송에 출연해 반죽과 숙성의 비밀 등 노하우 일부를 밝히기도 한다. 이는 자신의 전문성을 입증하고 고객의 신뢰를 얻어 더 많은 매출을 일으키는 기회가 되어 돌아온다.

나 역시 세움스쿨 공식 홈페이지를 통해 스페셜 원 프로그램 교재를 무료로 배포한다. 이것으로 세움스쿨의 잠재 고객들은 나의 수업이 어떤 형태로 이루어지는지 파악할 수 있다. 그 안에 담긴 스토리가 세련된 것인지 아닌지, 자신에게 필요한 것인지 아닌지 판단해 수강 신청을 결정하게 되는 것이다.

마찬가지다. 빵집 주인이 갓 구운 빵을 거리를 오가는 불특정한 사람들에게 나눠 주는 것처럼 당신의 지식과 노하우가 얼마나 훌륭한지 온라인 플랫폼에 업로드 할 필요가 있다. 말로만 이야기하는 것이 아니라 실제로 사용해볼 수 있는 무료 샘플을 제공하는 것이 좋다. 잠재 고객들이 이를 체험해 확실한 고객이 될 수 있도록 온라인 플랫폼을 활용하는 것이 성공적인 온라인 플랫폼 운영의 마지막 핵심이다.

✿ 통합 플랫폼을 완성하는 슈퍼 커넥팅 전략

슈퍼 커넥팅으로 완성된 통합 플랫폼은 머니 트리가 된다

플랫폼은 하나의 생명체와 같다. 처음에는 키우는 사람의 시간과 노력이 많이 필요하지만 일단 한번 크고 나면 작은 관심만 기울여줘도 잘 자란다. 플랫폼 역시 마찬가지다. 초기에는 정말 많은 노력이 필요하다. 생각지도 못한 문제에 휘말릴 수도 있고, 갑자기 성장을 멈추는 슬럼프를 겪을 수도 있다. 하지만 초기의 어려운 시기를 잘 견뎌내면 플랫폼은 나만의 개성과 스타일을 바탕으로 무럭무럭 자라난다. 이때부터 플랫폼은 하나의 시스템이자 24시간 돈을 벌어들이는 머니 트리(money tree)로서 작동하게 된다.

이러한 시스템을 갖추기 위해서는 모든 플랫폼을 통합한 홈페이지를 제작해야 한다. 무료 홈페이지부터 유료 홈페이지까지 그 종류도 다양하지만, 네이버 모두(Modoo) 홈페이지를 가장 추천한다. 이는 네이버에서 제작해 네이버가 가장 선호하는 홈페이지이기 때문이기도 하지만 검색에 따른 노출도 보장받을 수 있기 때문이다.

홈페이지 제작에서 가장 중요한 부분은 홈페이지를 기반으로 페이스북, 인스타그램, 블로그로 이동할 수 있는 연결 고리를 만드는 것이다. 이를 통해 모든 플랫폼을 통합하는 '통합 플랫폼'을 완성할 수 있다. 이러한 통합 플랫폼은 그 자체만으로는 큰 의미를 갖지 못한다. 이를 바탕으로 '협업 네트워크'를 구성할 때 진정한 '슈퍼 커넥팅 전략'이 완성되는 것이다.

협업 네트워크란 플랫폼에 달린 부스터와 같다. 이는 플랫폼에 올린 콘텐츠가 수많은 사람들에게 확산될 수 있도록 돕는 역할을 한다. 페이스북의 경우 '좋아요' 클릭과 댓글이 많아질수록, 더 많은 공유가 이루어질수록 더 많은 사람들에게 콘텐츠가 확산된다. 인스타그램, 블로그도 같은 원리를 바탕으로 움직인다.

협업 네트워크란 이와 같은 원리를 활용해 지인들과 함께 품앗이하는 것이다. 소셜 미디어 콘텐츠에 '좋아요' 버튼을 눌러주고 댓글을 달아주고 공유해주는 '비밀 전사 50명'을 만드는 과정이다.

홈페이지를 바탕으로 한 플랫폼 통합과 협업 네트워크 구축은 강력한 힘을 가진 '슈퍼 커넥팅 전략'을 완성한다. 협업 네트워크가 커지면 커질수록 플랫폼의 영향력은 확장되고 콘텐츠의 확산 범위는 넓어진다.

나는 스페셜 원 프로그램 수강생들과 함께 협업 네트워크를 구성할 뿐만 아니라 세움스쿨의 파트너들 및 고객사들과도 협업 네트워크 관계를 구축하고 있다. 이렇게 플랫폼 간의 결합을 넘어서 사람들 간의 협력 관계를 만드는 것은 상상하지도 못한 기회와 결과를 만들어낸다. 팔로어는 그렇게 갑자기 늘어난다. 그래서 무럭무럭 자라는 머니 트리가 된다.

SPECIAL TIP

영향력에 날개를 달아주는 온라인 플랫폼

전쟁터에서 사용하는 무기는 용도에 따라 다양하다. 단거리에서는 칼을 사용해야 하며, 중거리에서는 총을 사용할 수 있어야 하고, 장거리에서는 미사일 같은 무기를 사용할 수 있어야 한다. 정확도를 요할 때는 최첨단 과학을 동원한다. 이러한 무기들을 고르게 갖추는 것도 중요하지만 용도에 맞게 잘 사용하는 것도 매우 중요하다.

요즘 같은 '플랫폼 전쟁의 시대'에서 하나의 플랫폼만 활용하는 방식으로 살아남는 것은 사실상 불가능하다. 서로 시너지 효과를 낼 수 있는 2개 이상의 플랫폼을 동시에 운영할 때 자신이 가진 지식에 '영향력'과 '명성'이라는 좌우 날개를 달 수 있다.

하지만 대행사에 의뢰하지 않는 이상 페이스북, 인스타그램, 블로그, 유튜브, 카페, 포스트, 지식인, 카카오스토리 등 15개가 넘는 온라인 플랫폼 모두를 효과적으로 운영하는 것은 불가능에 가깝다. 오히려 자신이 콘텐츠를 만드는 스타일, 브랜드 확산 전략에 가장 효과적인 플랫폼을 선택하고 집중하여 적절하게 활용하는 것이 좋다.

개인적으로는 스페셜 원이 되기 위한 필수 온라인 플랫폼으로 페이스북, 인스타그램, 블로그, 유튜브, 이 4가지를 꼽는다. 이 플랫폼들이 서로 시너지 효과를 발휘하기에 가장 적합하기 때문이다.

퍼스널 브랜딩의 강자, 페이스북

페이스북의 미션은 사람들에게 '공유' 할 수 있는 플랫폼을 제공해주고, 더욱 '개방' 적이고 '연결' 된 세상을 만드는 것이다. 이에 따라 공유(share)와 개방(open), 연결(connect)이라는 3가지 가치가 페이스북을 이해하는 데 가장 중요하다.

이러한 미션은 페이스북을 세계 최대 마케팅 플랫폼으로 성장시켰다. 전 세계에 22억 명이 넘는 사용자가 있으며, 특정 연령층이나 인종, 성별에 치우치지 않는다. 온라인에서 '나' 라는 브랜드를 알리는 데 페이스북만큼 효과적이고 강력한 온라인 플랫폼은 존재하지 않는 것이다.

이미지 마케팅의 강자, 인스타그램

카메라 모양의 정사각형 이미지가 상징하는 것처럼 인스타그램의 모토는 '세상의 모든 순간들을 포착하고 공유한다' 는 것이다. 다른 소셜 미디어보다 상대적으로 모바일에 최적화되어 있는데, 특히 다양한 사진 필터가 있어서 이미지로 메시지를 전달하기에 매우 적합한 미디어다. 이러한 특징으로 인해 시각적 이미지가 중요한 외식업(맛집), 병원(성형), 패션, 엔터테인먼트, 운동(건강) 분야의 마케팅에 유리하게 사용된다.

인스타그램은 같은 관심을 가진 사람들이나 사진을 모두 묶어내는 해시태그(#) 기능 때문에 매우 빠르게 성장했다. 이는 대기업이든 골목의 작은 분식집이든 동일하게 검색될 수 있는 기회를 제공한다.

또한 사용자들은 실제 경험한 것들을 사진으로 공유하기 때문에 요즘 젊은 층은 네이버보다 인스타그램을 검색 플랫폼으로 사용하는 경우가 많다. 포털 사이트보다 광고성이 약해 신뢰감을 느끼기 때문이다.

콘텐츠의 베이스캠프, 블로그

네이버 블로그가 여타 소셜 미디어와 다른 점은 역사성이 있어 탄탄한 지지층을 확보하고 있고, 네이버 검색창에 보고 싶은 정보의 키워드를 입력했을 때 나타난다는 점이다. 따라서 단순한 이미지나 영상을 나열하는 것이 아니라 해당 키워드에 관한 정보를 올바로 알려주는 것이 중요하다. 해당 키워드에 대한 실질적인 노하우나 자료, 실제 사용 경험을 제공함으로써 블로그를 방문한 사람들의 니즈를 충족시켜야 하는 것이다.

이러한 특징으로 인해 페이스북과 인스타그램을 업로드 할 때보다 노력과 시간이 더 많이 들고, 양질의 콘텐츠를 제작하기 위해서는 부단히 노력해야 한다. 대신 한번 콘텐츠가 쌓이면 그에 따른 전문성을 증명할 수 있다. 그렇기 때문에 블로그는 한 분야에서 검색될 수 있는 키워드를 선점함과 동시에 해당 분야에서 전문성을 쌓아갈 수 있는 효과적인 플랫폼이다.

글보다는 이미지, 이미지보다는 동영상, 유튜브

유튜브는 2000년대 이후에 태어난 Y세대에게 영향력이 막강하다. 이들은 TV방송보다 유튜브 영상을 시청하는 시간이 월등히 많으며, 네이버에서 검색하는 것보다 유튜브에서 검색하는 것을 선호한다.

현재 10대인 이들이 성장해서 20대, 30대가 된다면 기존에 있던 온라인 플랫폼의 판도가 바뀌는 패러다임의 전환이 일어날 것이다. 초등학생들의 꿈이 수많은 직업군을 제치고 '유튜버'가 된 것은 유튜브가 가진 막강한 영향력을 여실히 보여주는 증거다. 대도서관, 씬님, 감스트 같은 스타 유튜버들의 영상이 끊임없이 소비되고, 지지층이 확대되면서 기존의 미디어를 뛰어넘어 누구나 유튜브를 통해 자신의 이름을 알리고, 스타가 될 수 있는 기회가 많아졌다.

위와 같은 온라인 플랫폼들의 특성을 명확하게 이해하는 것은 원 오브 뎀에서 벗어나 스페셜 원이 되는 데 크게 도움이 된다.

스페셜 원이 되고자 한다면 이 시장에서 이름이 알려져야 한다. 모든 연령층을 포괄하는 페이스북에서 성공적인 퍼스널 브랜딩 전략을 수립하고, 젊은 고객층이 밀집해 있는 인스타그램을 통해 효과적인 브랜드 이미지를 확산시키며, 블로그를 통해 나노 키워 드를 선점하고 양질의 콘텐츠로써 전문성을 지속적으로 입증하는 것이야말로 스페셜 원 프로그램의 처음이자 끝이다.

나도
베스트셀러 작가가
될 수 있다

베스트셀러 저자가 되는
노하우 A to Z

《뼛속까지 내려가서 써라(Writing Down the Bones)》의 저자로서 전세계에 글쓰기 붐을 일으킨 나탈리 골드버그(Natalie Goldberg)는 "나는 왜 글을 쓰는가?", "나는 왜 글을 쓰고 싶어 하는가?"라는 질문에 스스로 답해보라고 말한다.

나만의 책을 갖게 되면, 즉 저자가 되면 브랜드 가치는 한 단계 더 높아진다. 이는 더 높은 명성과 폭넓은 영향력을 갖게 되는 것이고, 당연히 그에 따른 물질적 보상도 뒤따르게 된다.

개인적인 경우를 예로 들자면 나는 책을 쓴 다음부터 한마디로 인생이 180도 달라졌다. 저자가 되면서 사인을 받는 위치에서 사인을 하는 위치로, 강연을 듣는 위치에서 강연을 하는 위치로 변했다. 강연을 듣는 청중들의 태도도 달라졌다. 그에 따른 명성과 수입도 얻게 되었다.

물론 책을 쓰는 과정은 결코 쉽지 않다. 평균적으로 한 권의 책을 완성하는 데 짧게는 6개월, 길게는 1년이 넘는 시간이 걸린다. 중간에 수많은 위기와 어려움이 책 쓰기를 방해한다.

하지만 나만의 책을 가져야 하는 이유를 정확히 아는 사람이라면 흔들리지 않고 끝까지 나아갈 수 있다. 그 이유를 알고 뼛속에 각인한 사람은 결국 글쓰기의 마지막 과정인 탈고에 도달하게 된다.

☞ 나만의 책을 가져야 하는 5가지 이유

성공해서 책을 쓰는 것이 아니라 책을 써서 성공하는 것이다

나는 책을 써야만 하는 이유를 다음의 5가지로 정의한다.

첫째, 책이란 내가 가진 모든 스펙을 초월하게 만든다.

둘째, 책은 하나의 생명체로서 나를 대신해 홍보를 하고 다니는 나의 분신이다.

셋째, 책은 생각하지도 못했던 기회의 문을 열어준다.

넷째, 책은 나의 브랜드 가치를 상승시킨다.

다섯째, 책은 성공적인 퍼스널 브랜딩의 꽃이다.

WHY: 왜 나의 책을 써야 하는가?

첫 번째로, 책이란 내가 가진 모든 스펙을 초월하게 만든다. 2010년 학생들에게 영어를 가르칠 당시 나는 영어 전공자도 아니었고 유학파도 아니었다. 심지어 미국이나 영국은 물론이고 오스트레일리아 땅도 밟아본 적이 없었다. 수많은 대학생들이 가지고 있는 그 흔한 토플(TOEFL)이나 토익(TOEIC) 점수도 없었으며 토스(TOEIC Speaking)나 오픽(OPIc) 점수도 없었다.

이는 내가 가진 분명한 약점인 동시에 스페셜 원이 되고자 한다면 반드시 극복해야 할 숙제였다. 극복하는 방법은 자타 공인 전문가가 되는 것이었고, 구체적인 수단은 나만의 책을 쓰는 것이었다.

수많은 기출문제와 문제집들을 분석하고, 스타 강사들의 강의를 듣고, 최상위권 학생들의 영어 공부법을 인터뷰하면서 꾸준히 나만의 책을 준비했다.

책이 가지고 있는 힘은 실로 위대했다. 천신만고 끝에 세상에 선을 보인 첫 번째 수능 영문법책 《삼등급부터 구등급까지 모여라》를 통해 기존의 모든 스펙을 한 번에 뛰어넘는 전문가가 될 수 있었다. 해당 분야에 석·박사 학위가 없더라도, 유학파가 아니더라도, 좋은 책 한 권을 통해 해당 분야에 대한 전문성을 입증할 수 있는 근거 자료가 생긴 것이다.

게다가 한국에서 영어를 공부한 국내파라는 사실은 오히려 세련된 스토리가 되었다. 많은 사람들이 '나도 한국에서 열심히 공부하면 영어 전문가가 될 수 있겠구나'라는 공감대를 형성하면서 자신감을 갖는 계기가 되기도 했다. 그 어떤 스펙도 많은 사람들이 공감하는 스토리를 이기지 못한다.

두 번째로, 책은 하나의 생명체로서 나를 대신해 홍보를 하고 다니는 나의 분신이다.

책은 내가 잠을 자고 있는 동안에도, 아파서 병원에 입원해 있는 동안에도, 사랑하는 사람들과 여행을 떠나 있는 동안에도 독자들의 손에서 살아 숨 쉰다. 24시간 나를 대신해 나의 스토리와 지식을 수많은 사람들에게 전파하고 있는 것이다.

예를 들면 《지식을 돈으로 바꾸는 기술》은 출간과 동시에 베스트셀러에 오르며 수많은 독자들에게 사랑을 받았다. 책이 출간된 뒤 아나운서, 감정평가사, 방송 PD, 교육회사 대표, 자산관리사, 포토그래퍼 등 다양한 분야의 수많은 사람들이 책을 읽었고, 책에서 해결하지 못한 궁금증을 이메일로 보내왔다. 이로써 나는 자연스럽게 열심히 공부하는 사람들과 관계를 맺게 되었고 지금도 유익한 만남을 유지하고 있다.

한편 오프라인 서점에서 책을 보고는 해외 판권 계약을 체결하자는 러브콜을 받기도 했다. 가슴 설레는 일이었다. 저자로서 외국어로 번역된 자신의 책을 갖는 것만큼 자랑스러운 일은 없을 것이다(현재 태국의 대형 출판사인 SE-EDUCATION과 최종 출간 계약을 맺고 번역 작업을 진행하고 있으며, 베트남과 말레이시아에서도 해외 판권에 관한 협상을 진행하는 중이다).

이 모든 것들이 강의처럼 대면 접촉을 통해 이루어진 것이 아니라 오로지 책을 통해서였다. 이처럼 책은 마치 살아 움직이는 생명체처럼 독자들의 손에서 당신을 대신해 당신이라는 브랜드를 알리는 역할을 수행하기 때문에 나만의 책을 갖는 게 중요한 것이다.

세 번째로, 책은 생각하지도 못했던 기회의 문을 열어준다.

《지식을 돈으로 바꾸는 기술》과 《다채로운 지식의 식탁》이 베스트셀러에 오르면서 브릿지경제, 아주경제, 한국경제 등의 언론 매체들과 인터뷰를 하기도 했다. 수많은 스타들과 전문가들이 출연하는 방송에 함께 나가는 기회를 얻기도 했다.

《삼등급부터 구등급까지 모여라》를 출간했을 때에는 크라우드 펀딩을 통해 300명이 넘는 사람들에게서 투자를 받았으며, 아프리카TV 본사의 지원을 받아 스타 BJ와 함께 스튜디오에서 촬영을 하기도 했다.

세움스쿨 대표로서 5,000명이 넘는 사람들이 모인 컨벤션 행사에서 짧은 스피치를 할 수 있었던 것도, 스페셜 원 프로그램을 통해 다양한 분야의 전문가들을 대상으로 강의를 할 수 있는 것도 모두 책 덕분에 가능한 일이었다.

이처럼 책이 가진 영향력은 굉장하다. 책은 인세뿐만 아니라 상상하지도 못한 수많은 기회들을 선물해준다. 스페셜 원이 되고자 한다면 책을 통한 기회의 문을 기필코 열어야 한다.

네 번째로, 책은 나의 브랜드 가치를 상승시킨다.

책을 낸 뒤부터 강의할 수 있는 무대가 더욱 넓어졌다. 퍼스널 브랜드의 가장 정점에서 움직이고 있는 아나운서들과 통역사들을 대상으로 강의를 진행했으며, 지금은 이들이 소속된 공동체를 만들어 운영하고 있다. 브랜드 가치가 올라가자 시간당 몸값이 상승하면서 똑같은 시간 일을 해도 벌어들이는 수익이 더 커졌다.

책을 통해 당신이 가진 명성을 높이고 영향력을 넓힐 수 있으며, 더 큰 영향력을 가진 사람들과 함께 일할 수 있는 기회 또한 얻을 수 있다. 책은 당신이 원하든 원하지 않든 다른 사람들이 당신을 대하는 태도를 변화시킨다. 집필한 책이 많아질수록 달라지는 청중들의 태도를 피부로 느낄 수 있을 것이다. 책은 당신의 가치, 당신이 가진 꿈과 시야까지 모든 것을 180도 바꿔놓을 것이다.

마지막으로, 책은 성공적인 퍼스널 브랜딩의 꽃으로서 스페셜 원이 될 수 있는 확실한 무기를 제공해준다.

앞서 언급한 것처럼 나는 지속적인 출간을 통해 해당 분야의 전문성을 인정받았고, 자연히 세움스쿨의 브랜드 가치는 상승했다. 책은 나에게 더 큰 무대에서 강연할 수 있는 기회는 물론이고 영향력과 활동 범위가 더 넓은 사람들과 함께 일할 수 있는 기회를 제공해주었다.

책은 지금까지 당신이 갈고닦은 실력이 쌓여서 나온 완벽한 결과물이다. 기회는 이러한 과정을 거친 자만이 가질 수 있다. 나는 책을 쓰는 과정을 통해 성장했고, 책을 쓰고 난 뒤 생긴 기회들을 통해 한 단계 더 성장했다. 나아가 지금도 새롭게 쓸 책을 구상하면서 또 성장하고 있다. 독자 여러분도 이 길에 동참했으면 하는 바람이다. 책은 분명히 당신이 미래에 걸어갈 길을 만들어줄 것이다.

나는 "성공해서 책을 쓰는 것이 아니라 책을 쓰니까 성공하는 것이다"라는 말을 좋아한다. 하지만 안타깝게도 많은 사람들이 '내가 과연 책을 쓸 수 있을까?'를 고민한다. '언젠가 나도 성공하면 책을 쓰고 싶다'라고 막연하게 생각만 하면서 시간을 흘려보낸다.

시간이 흐른 뒤 후회하는 것보다는 그래도 한번 도전해보는 것이 낫지 않을까? 막연한 생각은 구체적인 생각을 이길 수 없고, 구체적인 생각은 즉각적인 실행을 이끌 수 없다. 당신이 가진 특별함을 온 세상에 알려보자. 물론 처음이라 두렵기도 할 것이다. 자신이 없기도 할 것이다. 하지만 당신에게는 인생을 창조할 만한 충분한 능력이 있다고 나는 믿는다.

만일 당신이 문자, 편지, 소셜 미디어에 올린 짧은 글을 통해 단 한 명이라도 감동시킨 경험이 있다면 한 권의 책을 썼을 때에는 더 많은 사람들에게 영향을 끼칠 수 있다. '누가 내 글을 보겠어?' 라고 미리부터 자조하고 포기하지 않았으면 좋겠다. 세상에는 엄청나게 다양한 사람들이 있고, 또 그 수만큼 다양한 기호가 존재한다는 것을 알아야 한다.

내가 아무리 설득한다 해도 여전히 두려운 마음이 남아 있을 것이다. 이미 출판 경험이 많으니 잘난 척하는 것이라며 고개를 젓기도 할 것이다. 자신감이 생기지 않는 이유는 이처럼 당신이 부정적인 생각을 가지고 있기 때문이다. 마음을 바꿔 자신감을 가져야 한다.

책이 나온 다음 소셜 미디어를 통해 팬이 생길 수도 있다. 당신보다 나이도 많고 학벌도 좋은 사람이 "작가님" 하면서 고민을 털어놓기도 할 것이다. 당신의 충고에 감동을 받고 인생을 바꿔 성공하는 사람들이 생길 수도 있다. 이런 상상은 가슴 설레는 일이 아닐 수 없다.

〈월터의 상상은 현실이 된다(The Secret Life of Walter)〉라는 영화를 재미있게 본 기억이 있다. 그런데 월터의 상상만 현실이 되는 것이 아니다. 월터는 폐간을 앞둔 〈라이프〉지의 마지막 호 표지 사진을 찾아오는 미션을 부여받고 모험을 떠나 생애 최고의 순간을 맞이하게 된다. 이런 일은 영화에서만 존재하는 것이 아니다. 당신도 충분히 영화 속 주인공이 될 수 있다. 자신감을 갖고 도전한다면.

☙ 어떤 책을 쓸 것인가?

책 쓰기란 집 짓는 과정과 비슷하다

자신감을 회복한 당신, 어떤 책을 쓸 것인지 고민하다가 답을 얻기 위해 서점에 갔다면 일단 저자가 되기 위한 첫 단추를 꿴 것이다. 하지만 서점에 진열된 수많은 책을 보면서 "도대체 어떻게 이런 책들을 썼을까?"라고 혀를 내두르면서 "이건 내가 할 수 있는 일이 아니야"라고 선을 그어버릴지도 모른다.

사실 많은 사람들이 그런 생각을 가지고 뒤돌아 나온다. 도전도 해보지 않고 지레짐작으로 포기해버린다. 그렇기 때문에

'책 쓰기'는 수많은 사람들의 버킷 리스트 속에만 존재하는 꿈에 그치는 것이다.

하지만 책 쓰는 과정을 하나하나 살펴보면 '나도 충분히 도전해볼 수 있겠다'라는 생각이 들게 될 것이다.

WHAT: 인생 첫 책은 전문성을 가진 분야부터

건축가는 집을 짓기 전에 설계도부터 그린다. 자로 잰 듯 꼼꼼하게 창문의 크기, 계단의 위치, 방의 개수와 크기 등 집을 짓는데 필요한 사항들을 설계도 안에 구체적으로 표시한다. 그렇기 때문에 준비 과정 없이 결과만 본다면 집을 짓는 것은 불가능의 영역이지만 설계만 잘되어 있고, 또 그것을 잘 따라가기만 한다면 꼭 불가능한 것만은 아니다.

책 쓰기도 마찬가지다. 집을 짓는 과정과 비슷하다. 막연하게 생각만 하면 어려운 일이지만 사전 설계도가 완벽하다면, 그리고 노력한다면 당신도 저자가 될 수 있다. 불가능이란 없다. 처음부터 베스트셀러 작가인 사람은 없었다.

저자가 되려면 최우선적으로 어떤 분야의 책을 쓸 것인지부터 정해야 한다. 이것은 건축가가 어떤 집을 지을지 고민하고 결정하는 것과 같다. 2층집, 마당이 큰 집, 수영장이 딸린 집, 거실이 큰 집 등 큰 그림을 결정하는 단계인데 어려워할 것 없다. 그냥 평소 내가 꿈꾸던 집을 떠올리고 설계도를 그릴 백지를 펼치면 된다. 평소 하고 싶었던 얘기, 잘 알고 있는 내용을 책으로 쓰겠다고 생각하면 된다.

일반적으로 대중서는 인문, 자기 계발, 처세, 경제, 경영, 고전, 종교, 자녀 교육, 심리, 철학, 재테크, 부, 성공, 태교, 요리, 건강, 외국어 등으로 분야를 나눌 수 있다. 에세이, 소설, 시 등 문학 장르로 나누기도 한다. 아마도 이 안에 당신이 써야 할 책의 장르가 있을 것이다.

다만 가능하면 인생의 첫 책은 새로운 분야를 개척하기보다는 자신이 전문성을 가진 기존 분야를 택하는 것이 좋다. 해당 분야에서 확실하게 전문성을 드러냄으로써 전문가로서의 자신을 입증할 수 있기 때문이다.

내가 첫 책을 쓸 당시 활동 영역은 '영어'였다. 그래서 자연스럽게 외국어 분야의 책을 썼다. 수능 영어에 관한 강의를 하고 있었기에 수백 번에 걸쳐 기출문제를 분석한 경험과 최상위권 학생들의 수능 영어 공부법을 바탕으로 1994년부터 2014년까지 수능에 나타난 변하지 않는 출제 원칙들을 정리할 수 있었다.

당시 나는 영어도 하나의 언어이기 때문에 국어 영역과 유사한 부분이 많이 있을 것이라고 생각했다. 그래서 국어 영역에 나타난 논리와 체계를 영어 영역에 적용해 하나의 완성된 논리

체계를 만들었다. 학생들이 이러한 논리를 따라감으로써 자연스럽게 출제자의 시각을 가질 수 있게끔 책을 구성했다.

내가 지은 집이 다른 이들이 지은 집들과 다른 점이 바로 이 부분이었다. 다른 책과 차별점이 있었기 때문에 베스트셀러가 될 수 있었다.

여전히 감이 잘 오지 않는다면 책을 쓴 뒤의 내 모습을 상상해보는 것도 하나의 방법이다. 저자가 된 뒤의 행보가 그려진다면 그 책은 수많은 사람들에게 사랑받을 가능성이 높다. 한마디로 콘셉트가 명확한 책이다.

예컨대《수능 영어영역 기출분석의 절대적 코드》를 제목으로 책을 쓴다면, '수능, 영어, 교육'을 키워드로 강연이 들어올 것을 예상할 수 있다. 학생 및 학부모와 일대일 컨설팅을 할 수 있으며, 4주, 8주, 12주 코스의 수능 영어 교육 프로그램을 만들어서 강의를 진행할 수도 있다. 강연과 강의, 일대일 컨설팅을 통해 쌓인 경험과 노하우는 다시 새로운 책을 출간하는 데 도움이 될 것으로 생각했고, 이는 현실이 되었다.

만일 당신이 저서를 들고 자기계발 강의를 하는 그림이 그려진다면, 또는 동네 작은 책방에서 독자들과 마주 앉아 북 콘서트를 하고 싶다면, 육아 일기가 담긴 일러스트 책의 저자가 되어 공동 육아에 대한 인터뷰를 하고 있는 모습이 상상된다면,

주식이나 경매에서 성공하는 법을 전도하는 유튜버가 되고 싶다면 그런 책을 쓰면 된다. 쓰기 시작하면 된다.

두 번 강조하고 앞으로 세 번도 강조할 테지만 쓰고자 하는 마음이 있다면, 저자가 되고 싶은 마음이 절실하다면, 지금 당장 책상 앞으로 가 컴퓨터를 켜야 한다. 막연히 생각만 하고 있으면 정말 막연해진다.

어떤 책을 쓸지 분야를 정했다면 다음 순서는 독자층, 즉 타깃을 정하는 일이다. 이는 입주자를 염두에 두고 집을 지어야 하는 것과 같은 논리다.

《수능 영어영역 기출분석의 절대적 코드》는 수능을 준비하는 수험생이 주된 독자층이었다. 최상위권을 지향하는 중학교 3학년 학생, 수능의 출제 원리를 꿰뚫는 힘을 갖고 싶은 고등학교 1, 2학년, 수능 1등급 만점을 목표로 하는 고등학교 3학년이 타깃이었다.

이처럼 독자층이 구체적으로 정해질수록 독자들에게 도움이 되고 사랑받는 책이 될 가능성이 높다.

이 부분에서 중요한 것이 시장분석이다. 구체적으로 얘기하자면 이미 베스트셀러 반열에 올라 있는 경쟁 도서들을 분석하는 것이다.

✤ 경쟁 도서와 참고 도서 분석의 중요성

저급한 예술가는 베끼고, 위대한 예술가는 훔친다

피카소는 현대미술에서 창조적인 아티스트로 평가된다. 기존의 회화 기법과 전혀 다른 입체파(cubism)를 주도적으로 만든 인물이기 때문이다. 피카소는 창조성을 강조하는 이야기를 하면서 "저급한 예술가는 베끼고, 위대한 예술가는 훔친다"라는 명언을 남겼다.

이는 위대한 예술가란 단순한 모방과 카피에서 벗어나 기존의 창작물에서 영감을 받아 완전히 새로운 것으로 변화시키는 사람이라는 의미다. 위대함이라는 수준에 이르기 위해서는 기존의 작품들을 많이 보고 실제로 그리는 과정들을 지속적으로 거쳐야 한다.

책을 쓰는 것도 이와 비슷하다. 좋은 책을 쓰기 위해서는 지속적으로 많은 양의 책을 읽고 분석하는 과정을 거쳐야 한다. 중국 송나라의 문인 구양수의 말처럼 글을 잘 짓는 비결은 많이 듣고, 많이 읽으며, 많이 생각하는 "다문다독다상량(多聞多讀多商量)"이다.

SURVEY & ANALYSIS: 벤치마킹을 통해 완성되는 차별화 콘셉트

책을 쓰기 위해 읽고 분석해야 할 수많은 책은 크게 2가지로 분류할 수 있다. 바로 경쟁 도서와 참고 도서다.

'경쟁 도서'는 말 그대로 잘나가는 경쟁 상대다. 당신이 쓰고자 하는 책의 주제나 콘셉트가 겹치는 책, 그중에서도 베스트셀러를 의미한다. 따라서 가능하면 정독하는 것이 좋다. 경쟁 도서가 막연한 당신의 콘셉트를 명확하고 차별화된 것으로 만들어주는 길라잡이 역할을 하기 때문이다. 꼼꼼하게 잘 읽어보면 당신이 취하고 적용해야 할 내용이 많이 담겨 있을 것이다. 좋을 글을 모방하고 카피하라는 것이 아니라 좋은 생각을 훔쳐 영감을 얻고 새로운 것으로 변화시키라는 뜻이다.

반면에 '참고 도서'는 말 그대로 참고서다. 따라서 긴 시간을 투자하는 정독보다는 참고할 부분만 찾아 읽고, 필요한 내용만 골라 책 쓰기에 적용해나가는 것이 좋다. 참고 도서는 모르는 것을 찾아볼 때 쓰는 백과사전이 되기도 하고, 내 책의 부족한 부분을 채워주는 자료나 사례집이 되기도 한다. 명언 하나만 골라서 활용해도 내 책을 쓰는 데 참고한 책이기에 이는 '참고 도서'가 된다.

참고 도서를 읽고 경쟁 도서를 분석하는 과정은 기초공사 후 집을 지을 기반이 무너지지 않도록 땅을 고르게 다지는 작업과 같다. 땅을 제대로 다지지 않으면 집이 기울어지거나 중간에 무너지는 경우가 발생하는 것처럼, 경쟁 도서 분석을 소홀히 한다면 중간에 책 쓰기를 포기하거나 콘텐츠의 빈약함으로 출간되지 못할 확률이 높다. 이 과정은 몇 번을 강조해도 지나치지 않을 정도로 중요하다.

나는 보통 책을 쓰기 전에 콘셉트나 주제가 비슷한 '경쟁 도서'를 최소한 20권 이상 읽는다. '참고하는 책'까지 포함하면 100권을 넘기는 경우도 많다. 특히 쓰려고 하는 책의 목차와 경쟁 및 참고 도서의 목차 사이에 겹치는 키워드가 있을 땐 그 부분만큼은 반드시 찾아서 읽어본다. 이를 통해 새로운 아이디어를 얻거나 내 책에 활용할 수 있는 다양한 사례를 발견할 수도 있기 때문이다.

예를 들면 2014년 당시 수능 영어 영역에 관한 책을 쓸 때는 광화문 교보문고에서 책을 25권이나 사기도 했다. 무작정 베스트셀러 위주로 장바구니에 쓸어 담은 것이 아니다. 매장에서 꼼꼼히 목차와 서문, 필자의 약력 등을 살펴보고 엄선한 것들이다. 심지어 수능 영어 영역뿐만 아니라 국어 영역에 관한 책까지 선정해서 해당 도서가 왜 독자들의 호응을 얻고 있는지 철저하게 분석했다. 이것이 조사의 과정이다.

이런 습관은《지식을 돈으로 바꾸는 기술》,《다채로운 지식의 식탁》을 쓸 때도 마찬가지였다. 지금 이 책을 쓰는 순간에도 내 앞에는 참고 도서와 경쟁 도서가 1미터도 넘는 높이로 쌓여 있다.

이처럼 한 권의 책을 쓰는 데 수십 권의 책을 읽는 것은 무척 자연스러운 일이다. 그래서 저자들 사이에서는 "한 권 쓸 때 100권 읽기는 덤으로 가져간다"라는 말을 자주 주고받는다. 아마도 대한민국에서 책을 가장 많이 사는 직업군이 '작가'일 듯 싶다. 달리 말하면 평소에 꾸준히 독서하는 습관이 없다면 저자가 되기 힘들다는 뜻이다.

나는 집필하지 않을 때도 꾸준히 책을 읽는다. 읽다가 좋은 아이디어가 떠오르면 곧바로 책의 여백에 적어두곤 하는데 이런 습관은 본격적으로 책을 쓸 때 쉽고 빠르게 아이디어를 찾아볼 수 있도록 만들어준다. 이는 단기간에 책을 쓸 수 있는 비결이 되기도 한다. 따라서 어떻게 보면 평소에 독서를 하고 생각을 하는 그 모든 시간이 책을 쓰는 시간이라고 할 수 있다. 다분 다독다상량의 생활화다.

본격적으로 책 쓰기 과정에 들어가면 한 달 전부터 아무도 만나지 않는다. 다른 업무를 보는 사이사이 자투리 시간을 활용해서 조용히 정독을 한다. 아침에 2시간, 저녁에 2시간을 포함해 하루에 최소 4시간 이상 독서를 한다.

이때는 얇은 노트를 한 권 사서 반으로 접은 다음 왼쪽에는 읽은 책의 장점을 적고, 오른쪽에는 책의 부족한 점을 적는다. 경쟁 도서의 제목, 목차, 저자 프로필, 사진, 사례, 인용구 등을 살펴보면서 인용할 만한 문구나 참고할 만한 사례가 있다면 함께 적어둔다. 이것이 분석의 과정이다.

적어도 한 달 동안 위와 같은 과정, 즉 조사와 분석을 반복하다 보면 해당 분야의 출판 흐름이 보이기 시작한다. 《수능 영어 영역 기출분석의 절대적 코드》를 쓰기 위해 수능에 관한 책들을 분석할 때는 과연 어떤 책을 써야 학생들에게 도움이 되고 사랑받는 책이 될 수 있을지에 대한 아이디어가 샘솟았다. 분석 결과는 이러했다.

기존에 나온 책들의 일부는 이론에 치중한 나머지 학생들이 쉽게 접근하기 어려운 내용들로 가득 차 있었다. 또 어떤 책들은 이해하기 쉬운 사례가 풍부하게 담겨 있었지만 학생들이 다양하게 연습할 수 있는 문제들이 빈약하게 제시되었다. 또 어떤 책들은 다양한 수준의 연습 문제가 담겨 있었지만 학생들을 가이드해줄 만한 훌륭한 이론과 논리가 부족했다.

나는 이러한 분석을 바탕으로 국어 영역에 나오는 이론들과 논리들을 영어 영역에 적용하기 시작했다. 논리적인 체계와 풍부한 이론적 바탕을 만들고 나서 학생들이 충분히 연습해볼 수 있는 양질의 문제들을 제공했다. 여기에 수백 번씩 기출문제를 분석하고 최상위권의 공부법을 연구하면서 터득한 나만의 핵심 노하우와 해설을 달았다. 훌륭한 이론적 토대와 문제를 제공할 뿐만 아니라 나만의 노하우와 색깔까지 들어간 책을 만든 것이다.

경쟁 도서와 참고 도서를 조사하고 분석하면 자연스럽게 해당 분야에서 살아남을 나만의 콘셉트가 생긴다. 기존의 책들에서 부족한 부분이 무엇이고 장점이 무엇인지 파악이 되면서, 내 책은 어떻게 써야겠다는 '큰 틀'이 잡히기 시작하는 것이다. 이러한 차별화된 콘셉트는 출판사가 당신의 책을 출판하기로 결정하는 가장 중요한 요소 가운데 하나가 된다.

✿ 시선을 사로잡는 제목과 목차 작성법

제목은 책의 시작이자 끝

두말할 나위 없이 제목은 책의 시작과 끝이다. '제목'이라고 하면 사람의 이름 같겠지만 사실 책의 얼굴이다. 구체적으로는 첫인상이다. 서점에 꽂힌 수없이 많은 책들 사이에서 독자들의 눈에 가장 먼저 띄는 것이 제목이고, 다른 책들과 경쟁하는 무기이기 때문에 이를 정하는 일은 매우 중요하다. 많은 저자들이 제목 짓기를 '창작의 고통'이라고 이야기하는 이유가 여기에 있다.

사람들의 시선을 사로잡는 세련된 제목을 쓰는 것은 굉장한 정성과 아이디어가 필요한 일이다. 하지만 100퍼센트 무에서 유를 창조하는 작업은 아니다. 기존의 것에서 새로운 것을 창조해내는 과정일 때도 많다. 앞서 피카소의 예에서처럼 기존의 창작물에서 영감을 받아 완전히 새로운 것으로 변화시키는 작업이기도 한 것이다. 그러므로 제목을 정할 때 키워드를 중심으로 같은 분야의 베스트셀러를 분석하는 것이 도움이 된다.

예컨대 '용기'를 키워드로 책을 쓰고 싶다면 300만 부 이상 팔린 베스트셀러 《미움받을 용기》를 분석해야 한다. 다른 저자들도 그렇게 했다. 최고의 경쟁 상대인 《미움받을 용기》를 분석하고, 기타 참고 도서를 참고하면서 말이다. '용기'를 키워드로 《버텨내는 용기》, 《상처를 넘어설 용기》, 《자신을 위해 사는 용기》, 《1그램의 용기》, 《인생에 지지 않을 용기》, 《나와 마주서는 용기》, 《상처받을 용기》, 《불안을 넘어설 용기》, 《포기하는 용기》, 《나답게 살아갈 용기》, 《행복해질 용기》 등의 책들이 나왔다. 그리고 이들 중 일부는 실제로 베스트셀러 반열에 올랐다.

이처럼 핵심적인 키워드를 중심으로 베스트셀러들의 제목을 분석한 뒤 제목을 만들어야 하는데, 그에 앞서 아래의 3가지 기준에 부합하는지 살펴봐야 한다.

- 책 내용이 예상되거나 핵심이 되는 내용의 키워드가 들어가야 한다.
- 반전의 묘미가 있거나 독자들의 호기심을 끌 수 있어야 한다.
- 시대적 키워드나 사회적 분위기를 잘 파악해 반영해야 한다.

예를 들어 자기 계발 분야 베스트셀러 중 하나인《지식을 돈으로 바꾸는 기술》은 위의 조건들에 부합한다. 일단 '지식'과 '돈'이라는 키워드가 있기에 책의 내용이 예상된다. 또한 이 2개의 키워드가 가진 연관성이 독자들의 궁금증을 불러일으킨다. 많은 사람들이 자신의 지식과 경험, 노하우를 통해 어떻게 돈을 벌 수 있는지 궁금해하고 있는 현실이기 때문이다. 또한 누구나 전문가로 발돋움할 수 있는 시대적 흐름과도 적절하게 부합한다.

목차는 책을 구매하게 만든 결정적 요소다

매력적인 제목을 정했다면 이제는 목차를 구성하는 단계다. 보통 독자들은 책의 제목과 광고, 저자 프로필과 사진, 목차와 서문 등을 살펴보고 구매를 결정한다. 목차라는 것이 그저 페이지 구분이나 하는 사소한 역할 같겠지만 사실 제목만큼이나 중요하다.

사람들은 제목이 좋아서 책을 들었다가 목차를 살펴보면서 읽고 싶은 내용이 없다고 판단되면 그대로 내려놓는다. 아무리 저자 프로필과 겉표지가 멋있어도, 즉 포장이 화려해도 목차의 내용이 매력적이지 않다면 선택하지 않는다. 읽어보기도 전에 판단을 끝내버리는 것이다.

목차는 책의 내면과 영혼을 담아내는 그릇이다. 아무리 내면이 아름다워도 첫인상에서 좋아하는 사람의 시선을 끌어당기지 못한다면 자신의 진정성을 보여줄 기회를 얻지 못하는 것처럼 책의 내용이 아무리 좋아도 목차에서 독자들의 시선을 끌지 못하면 내용 전달이라는 측면에서 책으로서의 본질적인 의미를 잃을 수 있다. 그러므로 목차는 책의 내용을 대표할 수 있는 단어와 독자들의 시선을 사로잡을 수 있는 세련된 감각을 더해서 만들어야 한다.

목차를 만드는 것 역시 집을 짓기 위해 설계도를 그리는 것과 비슷하다. 어떻게 목차를 구성할지 감이 잡히지 않아 당황스럽겠지만 다음의 방법으로 역계산을 해보면 결국 이것도 시작은 벽돌 한 장부터다.

예를 들어 당신이 하고 싶은 큰 이야기가 8개라면 그것은 '챕터', 즉 '장'이 된다. 각 챕터당 구체적으로 하고 싶은 얘기가 5개씩이라면 그것이 '소제목'이 된다. 일명 '꼭지'라고 불리는 읽을거리가 40개 정도 된다는 뜻이다.

다시 말해 '먹고', '마시고', '놀고', '공부하고' 같은 이야기들을 하고 싶다면 그것들은 각각 챕터가 된다. 그리고 '먹고'라는 챕터 속에 들어갈 '혼밥', '숨은 맛집', '냉장고를 부탁해', '3분 요리' 같은 것들이 소제목이 된다.

이렇게 제목과 주제에 맞는 '챕터의 대제목'과 '소제목의 꼭지'를 정하는 것이 바로 목차 만들기다.

KEYWORD & COPYWRITING: 목차를 세련되게 다듬는 과정

40개의 꼭지가 구체적으로 정해지면 각 꼭지마다 핵심적으로 들어갈 '키워드'를 선정해야 한다.

핵심 키워드를 선정하는 방법 중 하나는 브레인스토밍과 벤치마킹이다. 당신의 책에 어떤 내용을 담고 싶은지 하얀 종이

위에 생각나는 대로 적어본 뒤, 경쟁 도서와 참고 도서를 분석한 내용을 바탕으로 핵심 키워드를 뽑아내는 방식이다.

색깔별 포스트잇을 준비해놓고 벽에 붙였다 떼었다 반복하면서 챕터와 꼭지의 배치를 바꿀 수도 있고, 손글씨보다 타이핑이 편하다면 엑셀로 만들 수도 있다. 어떤 방식이든 중간에 포기만 하지 않고 꼼꼼하게 만들면 된다.

예를 들어 나는 지금 당신이 읽고 있는 '책 쓰기' 챕터에 꼭 들어가야 할 키워드로 '책을 써야 하는 이유', '목차 작성법', '원고 작성법', '출판사 피칭 및 계약하는 법' 등을 선정했다. 하지만 여기서 끝이 아니다.

핵심 키워드를 정했다면 세련된 광고 카피로 바꾸는 세공 작업을 거쳐야 한다. 투박하게 키워드만 나열해서는 독자들의 시선을 사로잡을 수 없다. 세련된 한 줄의 카피로 바꿔야 이미 눈높이가 높아진 독자들의 선택을 받을 수 있기 때문에 꼭 필요한 과정이다.

이 과정에서 대부분의 저자들이 완성도를 높이기 위해 오랜 사색의 시간을 갖는다. 카피라이터가 한 줄의 카피를 쓰기 위해 엄청난 노력을 기울인다는 사실을 감안하면 40개의 카피를 쓰는 건 결코 만만한 일이 아니다. 그래도 해야 한다.

나는 주로 경쟁 도서와 참고 도서를 분석하며 얻은 인사이트나 키워드, 사례, 인용구에서 카피라이팅의 아이디어를 얻는다. 물론 일상생활 속에서도 많은 아이디어를 얻는다. 영화관에 붙어 있는 포스터나 길거리에서 나눠 주는 전단지, 인기 상품, 친구가 했던 말 한마디나 사람들이 열광했던 광고 카피, 화제가 된 연예인의 유행어, 유행하는 노래의 가사 등 세상 모든 것이 목차를 구성하는 데 필요한 재료가 될 수 있다. 따라서 좋은 목차를 완성하려면 삶이라는 아름다운 캔버스를 호기심 있는 눈으로 바라볼 수 있는 순수함이 필요하다.

인터넷을 통해 최근에 떠오르는 책들에 대한 소개나 출판사 서평을 읽어보는 것도 도움이 된다. 흔히 출판사는 책 소개나 서평을 작성할 때 책에서 가장 중요하다고 생각되는 부분을 발췌해서 쓰기 때문이다. 따라서 책 소개나 서평을 읽어보는 것만으로도 책의 핵심적인 키워드를 알 수 있다.

누구나 다 아는 유명한 글귀나 명언을 활용해서 목차를 만드는 것도 매우 좋은 방법이다. 예를 들어 책 쓰기에 관한 책이라면 책 쓰기에 관한 명언이나 좋은 글귀를 찾아보는 것이다.

내가 사전에 정한 핵심 키워드는 카피라이팅의 과정을 거쳐 다음과 같이 변화했다.

- 책을 써야 하는 이유 → 나만의 책을 가져야 하는 5가지 이유

- 책쓰기 프로세스 → 어떤 책을 쓸 것인가?

- 목차 작성법 → 시선을 사로잡는 제목과 목차 작성법

- 원고 작성법 → 원고 작성의 노하우

- 출판사 피칭 및 계약하는 법 → 최고의 조건으로 출판사와 계약

  하는 방법

한편 아래 표는 어떤 내용의 책을 쓸지 고민할 때, 또는 구체적인 목차를 설계할 때 사용하는 양식이다. 가로로 한 칸 더 만들어서 마감 일정까지 써넣는다면 훌륭한 집필 계획표가 될 수 있다.

CHAPTER 1:	CHAPTER 2:	CHAPTER 3:	CHAPTER 4:
1. 2. 3. 4. 5.	1. 2. 3. 4. 5.	1. 2. 3. 4. 5.	1. 2. 3. 4. 5.
CHAPTER 5:	CHAPTER 6:	CHAPTER 7:	CHAPTER 8:
1. 2. 3. 4. 5.	1. 2. 3. 4. 5.	1. 2. 3. 4. 5.	1. 2. 3. 4. 5.

천천히 시간을 가지고서 8개의 챕터와 각 챕터에 5개의 소제목을 써넣어가며 설계도를 만들어보자. 당연히 8개나 5개가 절대적인 원칙은 아니다. 챕터 3개에 소제목 10개라도 괜찮다. 쓰다가 막히면 지우고 다시 쓰면 된다. 복잡하고 잘 모르겠다고 중간에 포기만 하지 않으면 된다. 우리는 지금 하기 싫은 숙제를 억지로 하려는 것이 아니다.

✷ 원고 작성의 노하우

잘 쓰겠다는 욕심 내려놓기

누구에게나 첫 문장은 두렵고, 첫 번째로 쓰는 글이 어렵다. 하지만 한 권의 책을 완성하기 위해서는 무조건 한 챕터라도 써야 한다. 챕터는 한 꼭지부터 시작되고, 꼭지는 첫 문장부터 시작된다. 하지만 깜박거리는 커서만 바라보며 그 첫 문장을 시작도 못 하는 사람이 많다. 바로 욕심과 부담감 때문이다.

첫 문장의 두려움을 극복하는 방법
앞서 제시한 참고 도서와 경쟁 도서 분석, 책에 들어갈 핵심 키워드 정리, 목차 완성의 단계를 모두 거쳐 이 단계까지 온 사람이라면 적어도 '무엇을 써야 할지'에 대한 고민은 사라졌을 것이라 믿는다. 그럼에도 불구하고 첫 문장을 시작하지 못하는 이유는 '어떻게 하면 멋지게 시작할 수 있을까?' 하는 고민 때문이다. 처음부터 잘 쓰겠다는 욕심과 부담감이 오히려 아무것도 쓰지 못하게 만든다.

절대적으로 욕심과 부담감을 내려놓아야 한다. 고민할 시간에 일단 쓰기 시작하는 것이 최선의 방법이다. 부담 가득한 마음을 내려놓고서 머릿속에 떠오르는 말들을 마치 얘기하듯이 하나씩 둘씩 써 내려가야 한다. 오직 이러한 태도만이 과감하게 첫 문장을 시작할 수 있도록 도와줄 것이다. 고민이 깊어질수록 손은 움직여지지 않는다.

당신의 손목을 붙들고 늘어지는 글의 퀄리티에 대해서는 걱정할 필요가 없다. '먼저 쓰고 나중에 고민하고 수정하자'라는 생각으로 일단 컴퓨터 전원 버튼부터 눌러야 한다. 그렇게 하면 적어도 첫 문장은 시작할 수 있다. 그리고 미리 준비한 설계도에 따라 한 꼭지, 두 꼭지, 한 챕터…… 늘려나가면 된다.

나탈리 골드버그(Natalie Goldberg) 역시 "글을 쓰는 사람은 자기 마음의 본질적인 외침을 듣고 적으라"면서 반드시 빠르게 쓸 수 있는 필기구를 선택하고 "'첫 생각'을 놓치지 말라"고 충고했다.

그렇게 나온 결과물은 이제 겨우 초고일 뿐이다. 여기서 중요한 것은 책이 나오기 전까지 반드시 여러 차례의 수정, 즉 퇴고의 과정을 거쳐야 하기 때문에 나의 초고를 볼 수 있는 독자는 애당초 없다는 점이다. 세상 누구도 나의 초고를 보고 평가하지 못하므로 처음부터 잘 쓰려고 노력하지 말라는 뜻이다.

노벨 문학상을 수상한 어니스트 헤밍웨이(Ernest Hemingway)조차 "모든 초고는 쓰레기"라고 말하기도 했다. 대문호가 이런 말을 했을 정도이니 글쓰기를 체계적으로 배워본 적 없는 일반인의 초고는 더욱 수준이 낮을 것이다. 결국 프로나 아마추어나 글쓰기의 진짜 시작은 초고 이후부터다.

퇴고의 과정도 엄연히 글쓰기의 한 부분이다. 모든 저자들이 초고를 더 아름답고 빛나게 만들기 위해 퇴고의 과정을 거친다. 심지어 어떤 경우에는 초고를 쓰는 시간보다 퇴고하는 시간이 더 오래 걸리기도 한다. 당신이 읽고 있는 좋은 책들 역시 예외 없이 수많은 퇴고 작업을 거친 뒤에야 당신 손에 오게 되었다는 사실을 알아둘 필요가 있다.

다시 한번 강조하지만 퀄리티에 대한 고민 때문에 첫 문장도 시작하지 못하는 우를 범할 이유가 없다. 우리에겐 퇴고가 있으니까.

성공적인 퇴고의 3단계 법칙

나는 초고를 완성하면 일단 1주일 정도 휴식 시간을 갖는다. 그동안 고생한 나에게 주는 일종의 선물이다. 1주일 동안 영화를 몰아서 보기도 하고, 연락을 못 했던 친구들과 만나기도 하고, 아내와 데이트를 하기도 한다. 한동안 뜸했던 소셜 미디어 활동을 다시 시작하기도 한다. 한마디로 책 쓰느라 닫혀 있었던 시야를 마음껏 열어놓는 것이다.

이렇게 1주일 동안 실컷 놀고 나면 원고를 수정할 에너지가 충전된다. 나아가 책을 쓰면서 닫혀 있었던 시야가 열린 시야로 바뀌면서 초고를 객관적으로 바라볼 수 있는 시각도 가지게 된다. 그 결과 신기하게도 초고를 쓸 때는 보이지 않던 오탈자들이나 세련되지 않은 문장들이 눈에 들어온다. 이것이 퇴고의 의미이자 가치다.

나는 평균 10번 넘게 퇴고의 과정을 거친다. 퇴고를 하는 단계마다 세워놓은 나만의 기준이 있는데 정리하면 아래와 같다.

- **퇴고 1단계:** 오직 '술술 읽히는 글' 만들기에 집중한다. 글이 물 흐르듯 자연스럽게 읽혀야 독자들이 한 번만 읽고도 무슨 내용인지 이해할 수 있다. 이를 위해 처음에는 눈으로 보면서 수정하고, 두 번째는 입으로 소리 내서 읽으

며 수정한다. 소리 내서 읽다 보면 눈으로 읽을 때 발견하지 못했던 어색한 부분이 보이기 때문에 필수다. 이처럼 눈으로 보고 입으로 읽으면서 퇴고하면 글을 군더더기 없이 세련되게 만들 수 있다.

- **퇴고 2단계:** '형식'에 집중한다. 이때는 초고의 모든 꼭지를 하나씩 하나씩 격파해나간다는 생각으로 맞춤법이 올바른지, 사례가 꼭지의 키워드와 어울리는지, 문단 간 흐름이 자연스러운지 등을 검토한다. 이 단계에서는 원고를 인쇄해 종이로 보면서 퇴고하는 것을 선호한다. 컴퓨터 모니터로 볼 때는 보이지 않던 오타나 수정 사항들이 종이로 볼 때 보이는 경우가 의외로 많기 때문이다.

- **퇴고 3단계:** 더 좋은 원고를 만들기 위해 '발전'에 집중한다. 이 단계에서는 시간이 부족해서 참고하지 못했던 책들을 추가적으로 더 읽어보고, 경쟁 도서를 다시 한번 빠르게 훑어보면서 중요한 키워드가 빠지지 않았는지 점검한다. 퇴고하는 과정에서 더 나은 사례를 발견하거나 더 좋은 문단 구성 방식을 발견해 초고를 한층 더 고급스럽게 발전시키는 것이다. 이렇게 3단계의 퇴고 과정을 거치고 나면 누가 봐도 어색하지 않은, 술술 읽히는 원고가 완성된다.

책 한 권을 세상에 선보이는 과정은 다이아몬드의 그것과도 닮았다. 반짝이는 다이아몬드는 엄청난 세월과 압력을 견딘 원석에서 시작된 것이다. 세련되게 다듬기 전에는 그렇게 큰 가치를 갖지 못한다. 또한 누가 어떻게 세공하느냐에 따라 가치가 달라진다.

책 역시 마찬가지다. 짧게는 6개월, 길게는 1년 이상 투자하는 엄청난 사색과 고민의 시간이 초고를 아름답게 만들어준다. 누가 얼마나 더 공을 들였느냐에 따라 가치가 달라진다. 그렇게 탄생한 책은 빛나는 다이아몬드로서 이 세상에 등장한다. 수만 권의 책들이 꽂혀 있는 서가에서 영원히 빛을 잃지 않는 보석이 되는 것이다.

일단 이 모든 과정을 경험하고 나면 다음 책을 더욱 쉽게 쓸 수 있는 힘이 생긴다. 잘 팔리는 책이든 아니든 고된 과정을 거치면서 쌓아온 노하우와 경험, 그리고 자료들이 남아 있기 때문이다. 처음이 어렵지 두 번째는 더 쉽다. 세 번째는 그보다 더더욱 쉽다. 책 쓰기에 속력까지 붙으면서 다작이 가능해지는 것이다.

지금까지 초고와 퇴고의 중요성에 대해 얘기했다. 물론 초고를 잘 쓰면 퇴고할 때 덜 어려울 것이다. 다음은 본문 쓰기에 대한 노하우다.

WAY: 280페이지도 첫걸음부터

구체적으로 원고를 작성할 때도 설계도가 중요하다. 어떤 분야의 책을 쓸 것인지 정했다면 전체 분량을 정하고, 큰 주제를 정하고, 대제목과 소제목을 정하고, 프롤로그와 에필로그로 하고 싶은 말을 분리하고, 무게중심을 책의 뒤에 둘지 아니면 전체적으로 고르게 분배할지 등등의 설계를 해야 한다. 이러한 설계도가 완성된 다음 뼈대를 잡고 살을 붙이는 것이 본격적인 글쓰기다. 집을 지을 때 기초공사를 거친 다음에 철골과 벽돌을 세우고 창문을 다는 것과 같다.

책 한 권은 보통 280페이지다. 이는 대략 글자 크기 10포인트를 기준으로 A4 용지 120장 분량이다. 120장을 40개의 꼭지로 나눈다면 각 꼭지별로 평균 A4 용지 3장씩을 써야 한다는 계산이 나온다.

날마다 출근 전 2시간, 출근 후 2시간씩 시간을 내서 하루에 A4 용지 3장씩 글을 쓰는 것이 과연 어려울까? 그렇게만 하면 40일 만에 책 한 권에 해당하는 원고가 나오는데 이게 도전하지도 못할 만큼 겁나는 일일까? 아마도 절대 불가능한 일은 아닐 것이다.

도저히 평일에는 시간이 나지 않아서 주말에만 1꼭지씩 쓰겠다고 한다면 대략 9개월이 걸린다. 정 어렵다면 그렇게라도 하는 편이 낫다. 시장의 변화나 트렌드 같은 책을 쓰고자 한다면 집필 기간을 길게 잡는 것이 오히려 좋을 수도 있다. 임신 중의 생각과 몸의 변화에 대해 쓰는 태아 일기도 긴 시간을 투자한다면 더 좋은 책이 될 수 있다.

그런데 저자가 되려는 사람이 하루에 A4 용지 3장 분량으로 혼밥에 대한 얘기를 쓸 자신이 없다면 사실 곤란한 일이다. 임신이라는 인생 최고의 일을 경험하면서도 1주일이 지나도록 쓸 내용이 없다면 더 큰일이다. 하지만 그래도 괜찮다. 그건 한 번도 써보지 않아서 그런 것이다. 해보면 된다.

우리는 지금 어려운 논문을 쓰려는 것이 아니다. 노력한다면 누구라도 저자가 될 수 있으니 지금 당장 컴퓨터부터 켜고 시작해보라고 권하고 싶다. 지금 당장 시작이라도 하지 않으면 나중은 절대 오지 않는다. '어떻게 책을 쓰지?'라고 생각만 하고 있지 말고 일단 의자에 앉는 것부터 시작해보자.

컴퓨터를 켤 시간도 없다면 잠들기 전까지 확인을 게을리하지 않는 카톡 창을 열고 '나와의 채팅'에 메모라도 하기 시작하자. 그러면 절반 이상의 성공이다. 양이 쌓이면 질이 된다. 2줄짜리 메모가 3~4개 쌓이면 첫 문장이 되고, 3~4개의 문장이 모이면 A4 용지 반 페이지가 된다.

논리적으로야 그렇지만 긴 글에 도전하는 것이 쉬운 일은 아니다. 하지만 다음과 같은 노하우를 안다면 조금 더 쉬워질 수 있다.

핵심 키워드 대 사례와 예시의 황금 비율은 7 대 3

몇 개의 꼭지가 모여 한 챕터가 된다. 따라서 꼭지 1개를 완성하는 것이 책 한 권을 끝내기 위한 기본적인 출발점이라고 할 수 있다. 한 번도 써본 적이 없다면 A4 3장 분량의 꼭지 1개를 완성한다는 것이 쉬운 일은 아닐 테지만 여기에도 노하우가 있다.

예를 들면 한 꼭지의 내용을 '핵심 키워드 70퍼센트', '사례와 예시 30퍼센트'의 비율로 작성하는 것이다. '사례와 예시'란 당신의 주장 또는 생각을 뒷받침하는 논거들이다. 이를 책에 넣음으로 해서 글을 더욱 풍성하게 만들 수 있다. 이렇게 해서 긴 원고에 대한 부담감을 30퍼센트나 줄인다면 집필 과정은 또 조금 쉬워질 것이다.

'사례와 예시'의 중요성

사례와 예시에 관한 좋은 예가 하나 있다. 아래 글은 유영만 교수의 베스트셀러 《니체는 나체다》에 나오는 일부분이다.

철학자 들뢰즈도 말했듯이 니체는 유목적 사상가(nomad thinker)다. 그는 지금 여기에 안주하지 않고 낯선 곳으로의 여행을 쉼 없이 지속한다.

"우리는 낡은 것으로 되돌아갈 수도 없다. 우리는 이미 배를 불태워버리고 말았다. 그러니 용감해지는 수밖에 없다"는 말처럼 그에게 여행은 기존의 가치로부터 떠나는 것이며, 과거의 쇠사슬로부터 벗어나는 것이다. 지금 '여기'에 안주하고자 하는 것은 안정은커녕 퇴보의 길을 선택하는 일이다.

니체의 삶 속에 목적지는 없다. 단지 목적지에 이르는 여행만이 존재할 뿐이다. 여정에서 만나는 사물과 사람, 그리고 낯선 세상과의 조우(遭遇)를 통해 얻는 깨달음이야말로 니체 철학의 본질이다.

"여행지에서의 관찰과 체험을 그대로 멈춰두지 않고 자신의 업무나 생활 속에 살려 풍요로워지는 사람도 있다. 인생이라는 여로에서도 그것은 마찬가지다. 그때그때의 체험과 보고 들은 것을 그저 기념물로만 간직한다면 실제 인생은 정해진 일만 반복될 뿐이다. 그렇기에 어떤 일이든 다시 시작되는 내일의 나날에 활용하고, 늘 자신을 개척해가는 자세를 갖는 것이야말로 인생을 최고로 여행하는 방법이다." ─《방랑자와 그 그림자》

이 글은 책 쓰기의 중요한 부분에 대해 알려주고 있다. 바로 풍부한 '사례와 예시'다. 철학자 들뢰즈가 표현한 '유목적 사상가'라는 니체의 모습, "우리는 낡은 것으로 되돌아갈 수도 없다. 우리는 이미 배를 불태워버리고 말았다. 그러니 용감해지는 수밖에 없다"라는 인용구, 니체의 책 《방랑자와 그 그림자》에서 인용한 예시에 이르기까지 풍부한 예시와 인용구를 사용하고 있다. 덕분에 워낙 명문인 유영만 교수의 글이 더 세련되어 보인다.

강의에서 '에피소드'가 중요하듯 글쓰기에서는 다채롭고 풍부한 '사례와 예시'가 중요하다. 글쓰기에서 '사례와 예시'는 요리의 맛을 내는 데 꼭 필요한 양념과도 같다. 어떤 사례와 예시를 넣느냐에 따라 같은 글이라도 독자들의 마음을 울리는 글이 될 수도 있고, 무미건조한 글이 될 수도 있다. 따라서 각 목차에 들어간 핵심 키워드를 효과적으로 설명할 수 있는 '사례와 예시'를 찾는 일이 무엇보다 중요하다.

예컨대 '도전'이라는 핵심 키워드로 글을 쓰고자 한다면 누구나 떠올릴 수 있는 운동선수들의 피나는 도전과 노력에 대한 사례는 사람들에게 큰 감동을 주지 못한다. 흔하게 찾을 수 있는 사례보다는 사람들이 많이 접하지 못한 신선하고 감각적인 사례를 찾아야 한다.

'도전'이라는 키워드에서 대표적으로 소개할 수 있는 사례는 '에스키모들이 늑대를 잡는 방법'이다.

에스키모들은 늑대를 사냥하기 위해 죽은 동물의 피를 칼에 묻힌 뒤 얼음 위에 꽂아놓는다고 한다. 그러면 늑대들은 자신의 혓바닥에서 피가 나오는 줄도 모르고 칼에 묻은 피를 핥다가 그대로 죽는다.

이러한 늑대의 모습은 도전하지 않고 현실에 안주하는 현대인의 모습을 닮았다. 대부분의 사람들은 매달 일정한 날짜에 나오는 월급에 안주해서 새로운 도전을 꿈꾸지 못하다가 은퇴할 때가 되면 아무런 준비 없이 세상이라는 전쟁터로 나오는 것이다. 이미 많은 피를 흘려 전의를 상실한 채로.

'도전'에 대해 글을 쓸 때 이러한 사례를 인용한다면 독자들의 마음에 큰 울림과 깨달음을 줄 수 있을 것이다. 그리고 만일 당신이 내가 인용한 에스키모의 사례를 읽으며 "참 재미난 얘기야"라며 고개를 끄덕였다면 나는 성공적인 글쓰기를 한 것이 된다.

하지만 가장 큰 감동을 줄 수 있는 사례는 뭐니 뭐니 해도 자신이 실제로 겪었던 경험이다. 직접 '도전'했던 나의 이야기,

그 과정에서 맞닥뜨린 어려움을 극복하고 결국 원하는 목표를 성취했다는 이야기는 그 어떤 스토리텔링보다 감동적이다.

그렇다고 모든 글에 자신이 직접 경험한 사례만을 담기란 불가능한 일이다. 그러므로 좋은 사례와 예시를 찾는 방법을 아는 것이 중요하다. 그 방법은 다음과 같다.

첫 번째 방법은 평소에 독서를 하면서 '사례와 예시'를 정리하는 습관을 기르는 것이다. 대부분의 베스트셀러 작가들은 평소에 사례를 정리해둔 사례집을 가지고 있다. 컴퓨터가 익숙한 사람의 경우 엑셀에 주제별로 일목요연하게 정리하기도 하고, 책을 오려서 스크랩하기도 하며, 형광펜으로 책에 표시를 해두기도 한다.

이처럼 꾸준히 독서를 하면서 '동기부여', '리더십', '재무관리', '사업', '성공', '부', '마케팅', '인간관계', '심리', '예술', '기술', '철학' 등으로 세분화된 카테고리를 만들고, 그 안에 깨달음을 주고 통찰력을 제공하는 사례와 예시를 기록해두면 자신이 글쓰기를 할 때 큰 도움이 된다.

나의 경우는 책을 읽으면서 중요하다고 생각되는 부분에 크게 밑줄을 긋고, 그 아래에 떠오른 생각과 아이디어를 적어둔다. 참신한 사례라고 생각되는 부분은 형광펜으로 크게 표시하고 접어둔다. 그래서 책을 읽고 나면 책이 너덜너덜해지는 경우가 많다. 이런 책은 내가 새로운 책을 쓸 때마다 끊임없는 아이디어와 상상력의 원천이 되기 때문에 보물처럼 아낀다.

두 번째 방법은 완성된 목차의 핵심 키워드를 적은 종이를 책상 앞에 붙여놓고 책에서 적합한 사례가 나올 때마다 형광펜으로 크게 표시해두는 것이다. 적합한 사례를 찾기 위해서는 참고 도서나 경쟁 도서를 분석할 때 펜과 포스트잇을 옆에 두고 읽는 것이 좋다. 그래야 적합한 사례가 나올 때마다 표시할 수 있기 때문이다. 참고 도서와 경쟁 도서뿐만 아니라 신문, 잡지, 칼럼을 통해 적합한 사례를 찾는 경우도 많다. 오랫동안 썼던 다이어리나 일기장에서 사례를 찾는 경우도 있다. 마음을 열고 보면 일상의 모든 글 속에서 사례를 찾아낼 수 있다.

이와 같은 방법으로 목차에 적합한 사례를 찾아서 하나씩 하나씩 배치해나가면 글을 쓸 설계도가 완성된다. 건축에도 황금 비율이 있듯이 글을 쓸 때에도 황금 비율이 있다. 한 꼭지를 완성할 때, 70퍼센트는 핵심 키워드에 관한 내용으로 구성하고, 나머지 30퍼센트는 핵심 키워드를 효과적으로 뒷받침하는 사례와 예시로 구성하는 것이다. 적절하게 배치된 사례가 글을 풍성하고 다채롭게 만들어줄 것이다.

이러한 황금 비율에 맞춰 핵심 키워드와 사례와 예시를 중심으로 원고를 쓰기 시작하면 한 꼭지의 원고가 완성된다. 한 꼭지를 완성하면 그다음 꼭지도 완성할 수 있는 힘이 생기고, 이는 책 전체를 완성하는 선순환 구조를 만들어낸다. 하나만 제대로 완성하면 전체가 완성되는 것이다.

여기까지가 일단 출판사에 원고를 보내기 전에 거치는 과정이다. 만일 이 과정을 따라왔다면 굉장히 많이 지쳤을 것이다. 나 역시 글을 쓰면서 오랜 기간 동안 수많은 고뇌와 고민의 시간을 겪었다. 더 좋은 내용을 세상에 내보이고 싶은 마음 때문이었다. 이때 나에게 힘이 되었던 3가지 문구가 있다.

- 나는 날마다 모든 면에서 조금씩 나아지고 있다.
- 내가 소망하는 것들이 하나씩 실현되고 있다.
- 나에게는 내가 꿈꾸는 인생을 창조할 만한 능력이 있다.

나는 평소에도 가슴을 뛰게 하는 문구들을 눈길 닿는 곳에 붙여놓는다. 포스트잇에 적어서 지갑에 넣고 다니기도 하고, 책상 앞에 버킷 리스트를 붙여놓기도 한다.

눈길이 가면 마음에 마음길이 열린다. 목표와 꿈은 강력한 동기부여에 따라 실행으로 옮겨지고, 이는 곧 현실이 된다. 당신이 글을 쓰고 책을 내는 것도 이와 같다.

또한 책 쓰기 강의를 진행할 때마다 사람들에게 다음과 같은 모습을 상상해보라고 얘기한다. 책의 저자가 되어 지인들에게 멋지게 사인을 해주는 자신의 모습을, 부모님이 "우리 딸이 베스트셀러 작가야"라고 친구들에게 자랑하는 모습을, 아내가 "남편이 책도 쓰고 강연도 하는 작가예요"라고 얘기하며 환하게 웃는 모습을 말이다.

✷ 최고의 조건으로 출판사와 계약하는 방법

출판사가 탐낼 만한 원고를 써라

원고가 완성되었다면 이제 출판사를 만나야 할 때다. 그래야 꿈이 진짜 현실이 된다. 최근 들어 자비출판, 독립출판을 하는 경우도 조금씩 늘어나고 있지만 더 많은 독자들과 만나려면 무조건 기성 출판사와 계약을 해야 한다.

편집, 유통, 마케팅, 의욕, 열정, 수금 및 정산 등 출판 시스템을 제대로 갖춘 출판사를 만나는 것도 저자에게 복이라면 복이다.

그런데 그런 좋은 출판사를 만나려면 어떻게 해야 할까? 당연히 그들이 탐낼 만한 원고를 써야 한다.

WHICH: 출판사가 원하는 원고란 어떤 것인가?

출판사 갈라북스 배충현 대표는 '출판사가 원하는 원고는 어떤 것인가?' 라는 주제의 특강에서 아래와 같이 이야기했다.

좋은 원고를 만들기 위해서는 먼저 출판 분야를 잘 설정해야 합니다. 경제경영, 자기계발, 인문사회, 문학, 실용, 취미, 자서전 등 많은 출판 분야가 있는데, 그중에서 내가 어떤 분야에서 경쟁력을 갖출 수 있을지 심도 있게 고민해야 합니다. 그다음은 콘셉트를 정해야 하는데, 콘셉트는 기존의 책들과 다르게 차별화되어야 합니다. 불분명하거나 뻔한 주제라면 출판사의 검토조차 이루어지지 않습니다.

그다음은 제목(가제) 선정과 목차 구성입니다. 출판사에서는 원고 전체를 다 읽어보지 않습니다. 투고 인사말, 제목, 목차를 살펴보면 원고의 검토 여부가 바로 판단됩니다. 하루에도 수십 개의 원고가 출판사에 투고되지만 거의 대부분의 원고들이 엉성한 제목과 목차를 가지고 있습니다. 결국 투고 인사말과 제목, 목차에서 1차적인 검증이 이루어지게 되는 것입니다.

원고 검토에 들어갈 때 가장 중요하게 보는 것은 원고의 내용이 독자의 공감을 불러일으키는지의 여부입니다. 출간 시점의 출판

시장과 사회·경제적인 상황 등을 고려해서 시의적절한 주제인지, 아니면 시의성 없이 오래도록 공감받을 수 있는 주제인지 잘 살펴보는 것입니다. 저자의 경력도 원고의 공감도와 연관되는 중요한 요소이며, 문장력에서도 독자를 감동시키는 글쓰기가 전제되어야 합니다. 또한 출판사와 함께 시너지를 내서 독자를 바라보고 소통해야 합니다.

직접 출판사를 운영하는 대표의 이야기를 통해 나는 많은 것을 깨달을 수 있었다. 먼저 어떤 책을 써야 하는지에 대한 명확한 기준이 생겼다. 나에게 맞는 출판 분야를 선정하고, 참고 도서와 경쟁 도서 분석을 통해 명확한 콘셉트를 잡으며, 매력적인 제목과 목차, 투고 인사말을 작성하는 것이 중요하다는 사실이다. 이 단계를 넘어서면 저자의 프로필과 문장력, 원고의 내용이 최종 결정에 반영된다.

POINT: 매력적인 투고 인사말을 작성하는 법

앞서 배충현 대표가 밝힌 것처럼 출판사를 넘어서는 1차 관문은 투고 인사말과 제목, 목차다. 제목, 목차, 차별화된 콘셉트까지 완성된 원고라면 출판사의 1차 관문을 넘기 위해 마지막으로 가장 중요한 것은 투고 인사말이 될 것이다.

투고 인사말은 출판사에 하는 첫인사말로서 내 원고를 매력적으로 제안하는 글이기도 하다. 보통은 제목(가제)과 기획 의도, 저자의 프로필과 스토리를 담아 간결하고 명료하게 A4 용지 1장에서 2장 사이로 작성한다. 다음의 샘플을 통해 어떻게 투고 인사말을 작성하는지 알아보자.

- **첫 번째 단락**: 안녕하세요? 저는 ○○에서 근무하고 있는 ○○○ 입니다. 저는 ○○한 경험을 통해 ○○을(를) 깨닫게 되었고, 이러한 경험을 바탕으로 ○○○에 대해 《○○○(가제)》이라는 제목으로 글을 쓰게 되었습니다. ○○연령대 독자층이 읽으면 좋을 ○○○(분야, 장르)의 책입니다.
- **두 번째 단락**: 책을 쓴 이유, 기획 의도
- **세 번째 단락**: 책의 차별화된 콘셉트, 전달하고자 하는 메시지
- **네 번째 단락**: 저자 프로필 소개

또한 다음과 같이 저자로서 차별화된 경험이나 남다른 스토리, 어필할 수 있는 강점 등이 있다면 함께 언급하는 것이 좋다. 저자가 생각하는 책의 마케팅 포인트에 대해 언급하는 것도 좋다.

- ○○○직장에서 근무

- ○○○대학교 석사·박사 학위 취득

- ○○○을(를) 주제로 ○○○ 등에서 강연 경험 다수

- 출판 경력:《제목》,《제목》

- 페이스북, 인스타그램, 블로그 등을 통한 SNS 마케팅 가능 여부

- ○○방송 출연 또는 ○○언론 인터뷰 자료 또는 경험

○○○ 드림(휴대전화 번호)

투고 인사말은 저자가 출판사에 건네는 첫인사로서 내 원고가 왜 계약되어야 하는지에 대해 설득력 있는 근거를 제시할 수 있어야 한다.

출판사는 한 권의 책을 출판하기 위해 적게는 500만 원에서 많게는 3,000만 원이 넘는 돈을 투자한다. 출판사 대표는 사업가이고, 사업가는 이윤을 창출하는 것이 목표이기 때문에 출판사에 투고된 원고가 책으로 출판될 경우 손익분기점을 넘어 순수익을 창출할 가능성이 있는가를 우선적으로 판단한다. 그렇기 때문에 저자는 체계적인 마케팅 플랜을 수립하고, 적극적인 판로 개척을 통해 출판사에게 매력적으로 어필할 수 있는 카드를 제시해야 한다.

이는 '저자의 적극성'으로 표현되는데, 저자의 적극성은 크

게 2가지로 나타난다. 첫 번째는 활발한 저자 강연회다. 책을 주제로 한 강연은 지속적인 퍼스널 브랜딩과 함께 책 판매에 큰 영향을 끼친다. 내가 만일 《지식을 돈으로 바꾸는 기술》을 쓰고 국방부 멘토링, 전국의 중·고등학교, 아나운서, CEO, 분야별 전문가들을 대상으로 한 강의와 강연을 활발하게 진행하지 않았다면 책의 판매량이 기대치보다 낮았을 수도 있다.

하지만 나는 적극적이었다. 책을 쓴 뒤에 온라인·오프라인 플랫폼을 기반으로 강의를 하고 지속적으로 독자들과 소통하는 과정에서 자연스럽게 입소문이 퍼져 나갔다. 책이 장작이라면 강연은 장작에 불을 지피는 것과 같다. 책을 쓰는 사람이라면 반드시 강연을 할 수 있어야 한다.

두 번째는 온라인 및 오프라인 플랫폼이다. '스페셜 원'이 되기 위해서는 탁월한 전문성뿐만 아니라 튼튼한 온라인 및 오프라인 플랫폼이 갖춰져 있어야 한다.

나는 페이스북 개인 계정을 통해 5,000명이 넘는 사람들과 소통하고, 페이스북 페이지를 통해 3만 2,000명이 넘는 팬들과 콘텐츠를 공유한다. 인스타그램을 통해 1만 5,000명이 넘는 사람들과 일상을 공유하고, 블로그를 통해 전문성을 입증한다. 이러한 3개의 플랫폼이 서로 시너지를 발휘할 때 저자의 퍼스널 브랜딩이 완성되고 책 판매가 원활해질 수 있다. 출판사가 가장 매력을 느끼는 부분이 바로 이 지점이다.

저자의 활발한 오프라인 강연과 온라인 및 오프라인 플랫폼 마케팅, 출판사의 마케팅 플랜이 삼박자를 이루었을 때 책 판매에 날개가 달린다. 투고 인사말에 이러한 점을 부각해 출판사의 시선을 잡아당길 필요가 있다.

투고 인사말을 완성한 뒤에는 제목(가제), 목차, 원고 순서로 된 A4 120페이지 원고 전문을 첨부 파일로 담아 출판사에 이메일을 보내야 하는데 샘플 형식은 다음과 같다.

- **제목:** [기획 원고 투고] 《제목(가제)》의 원고를 송부합니다
- **첨부 파일:** 《제목(가제)》 원고 전문.hwp
- **내용:** 작성된 투고 인사말

나는 주로 한 주의 업무를 시작하는 월요일 아침에 원고를 받아볼 수 있도록 '예약 발송' 기능을 활용한다. 이렇게 출판사로 전달된 원고는 출판사의 방향과 맞지 않는 경우 완전히 폐기하도록 되어 있기 때문에 원고 유출 가능성에 대해서는 염려하지 않아도 된다.

출판사는 하루에도 수십 개의 원고를 접수받는다. 이 중에서 투고 인사말, 제목, 목차, 원고의 내용까지 모든 면에서 완성도

높은 원고를 보내는 사람은 극히 드물다.

만일 이 책에 나온 방법에 따라 충실하게 원고를 집필했다면, 다른 원고들과 큰 차별성을 지니고 계약까지 이뤄질 가능성이 대단히 높다. 만약 거절 메일을 받더라도 상심해서는 안 된다. 대한민국 수많은 출판사 중에서 당신의 책을 출판해줄 곳은 반드시 있다. 포기하지 않고 지속적으로 투고하다 보면 인연이 닿는 출판사가 나오기 마련이고 계약도 이뤄진다. 당신의 꿈은 반드시 이루어진다. 물론 노력한다면 말이다.

TIP: 출판사와 계약할 때 유의할 사항

나는 출판사에 투고할 때 한 곳에만 하지 않는다. 교보문고와 영풍문고 같은 오프라인 서점에 가서 같은 분야의 책을 출간한 출판사의 이메일 주소(책의 앞면 또는 뒷면에 나와 있다)를 모두 수집한 다음 '1주 차에 보낼 10개 출판사, 2주 차에 보낼 10개 출판사' 같은 방식으로 우선순위를 정해 목록을 만든다. 그리고 답장의 피드백을 체크해가며 순차적으로 메일을 발송한다.

출판사도 저자들이 여러 곳의 출판사에 투고한다는 사실을 알고 있다. 따라서 원고가 마음에 든다면 구체적인 내용을 담아 답변을 보내온다. "원고의 나머지 내용을 검토한 뒤에 내부 회의를 거쳐서 OO일 내에 답변을 드리겠습니다"라거나 출간 시기, 계약금, 인세와 같은 기본 조건을 제시하고 저자와 통화하기를 원하는 경우도 있다.

반대로, 구체적인 날짜도 없이 "긍정적으로 검토하고 연락드리겠습니다"라거나 "내부적으로 검토하고 연락드리겠습니다"라고 보내온 답변은 "현재 보내주신 원고가 저희 출판사의 방향과 맞지 않으니 다음에 다시 좋은 원고로 찾아주시면 감사하겠습니다"라는 의미와 같다.

출판사는 저자와의 인연이 어떻게 닿을지 모르기 때문에 최대한 에둘러서 정중하게 거절하려고 하는 경향이 있다. 출판사로부터 이메일 답장을 받았다고 '셀프 희망 고문'을 할 필요는 없다는 뜻이다.

만일 출판사로부터 연락을 받아 계약을 진행하는 단계까지 왔다면 다음 6가지 사항에 유의해 계약을 진행해야 한다.

- 출판 시기
- 계약금
- 인세
- 인세 지급 날짜
- 증정 부수
- 원고 수정 범위

이 중에서 가장 중요한 조건은 '출간 시기'다. 일반적으로 출간 시기가 빠른 출판사와 계약하는 것이 좋다. 대형 출판사의 경우 출간하기까지 6개월 이상 걸리기도 하는데, 그 과정에서 여러 가지 사유로 계약이 파기되는 경우도 발생한다. 대형 출판사는 한 분기에 계획하는 책이 수십 권 또는 수백 권이기 때문에 당신의 책에 신경을 크게 못 쓰는 경우도 많다. 그렇기 때문에 대형 출판사라고 해서 반드시 좋은 것만은 아니다.

인세는 보통 6퍼센트에서 8퍼센트 사이로 계약이 이뤄지고, 최대 10퍼센트까지 받을 수 있다. 만약 출판사로부터 인세 10 퍼센트의 제안을 받았다면, 출판사가 원고에 굉장히 큰 매력을 느끼고 있다는 뜻이다.

계약금은 30만 원부터 100만 원 이상까지 다양한데, 이는 인세를 미리 받는 선인세의 개념이므로 액수는 크게 중요하지 않다. 다른 조건이 좋다면 계약금이 낮더라도 계약하는 것이 현명하다. 혹시라도 저자가 제작비를 부담하는 자비출판을 제안하거나, 저자와 출판사가 반씩 투자하는 반기획 출판을 제안한다면 다른 출판사를 찾아보는 것이 좋다. 저품질의 형태로 책이 출간될 가능성이 높기 때문이다.

선인세를 제외한 잔여 인세가 어느 시기에 지급되는지 아는 것도 중요하다. 나는 《삼등급부터 구등급까지 모여라》와 《수능 영어영역 기출분석의 절대적 코드》,《누워서 떠먹는 중학 영단어》,《10배속 코어 영문법》, 그리고《다채로운 지식의 식탁》의 경우는 3개월마다 인세를 지급받고,《지식을 돈으로 바꾸는 기술》의 경우는 6개월마다 인세가 정산된다. 매달 특정한 날짜에 지급을 받는 형태인지, 분기별로 지급이 이루어지는지 정확히 알고 넘어가는 것이 좋다.

저자에게 증정용으로 주는 부수는 보통 10권에서 20권 정도다. 특별히 더 필요한 경우 출판사에 추가적으로 요청하는 것도 가능하다.

원고 수정 범위란 출판사의 관점에서 더 수준 높은 책을 만들기 위해 저자에게 수정을 요구하는 범위다. 요청 범위가 큰 출판사보다는 저자의 생각과 의도를 존중해서 최소한의 수정을 요구하는 출판사와 계약하는 것이 좋다.

마지막으로, 나와 계약하려는 출판사에서 최근에 출간한 책들을 살펴보는 것도 중요하다. 책 표지는 어떤 스타일로 디자인하는지, 마케팅은 잘하는지도 눈여겨보아야 할 부분이다.

SPECIAL
TIP

책을 쓸 때 알아두면 좋은 핵심 TIP

1. 원고는 마이크로소프트의 워드보다는 한컴오피스의 한글로 작성하는 것이 좋다. 대부분의 출판사들이 한글로 원고 편집 작업을 하기 때문이다.

2. 글꼴은 바탕체 또는 고딕체로 하고 크기는 10포인트로 작성하는 것이 한눈에 보기에 깔끔하다.

3. 적절한 원고 분량은 A4 용지 120페이지 내외다. 단행본으로 나왔을 때 280페이지 분량이 된다.

4. 기본적인 맞춤법은 F8키를 이용해 점검한다. 맞춤법은 작가의 자존심이다. 글을 쓸 때 최소한 맞춤법은 지켜서 쓰는 것이 기본이다.

5. 전문용어는 누구나 이해하기 쉽게 풀어써야 한다. 모든 내용을 정확하게 알고 있다면 굳이 어려운 용어를 쓰지 않고도 글을 이해하기 쉽게 쓸 수 있다.

6. 어려운 내용은 쉽게, 쉬운 내용은 깊게, 깊은 내용은 재미있게

쓰려고 노력한다.

7. '지줄바'를 기억하라. 퇴고할 때 문맥에 맞지 않는 문장은 '지'
우고, 긴 문장은 최대한 '줄'이고, 의미가 어색한 문장은 '바'
꿔야 한다. 그래야 글이 살아난다.

8. 세상에서 가장 좋은 사례는 '저자 본인의 이야기'라는 사실을
반드시 기억한다.

'사소함'에 '꾸준함'을 더하면 '탁월함'이 된다

실천 가능한 작은 목표를 정하고 이를 반복하라. 단, 반드시 실천하라
감당하기 어려울 정도로 '크고 거창한' 목표를 세우면 중도에 포
기할 가능성이 크다. 목표를 달성하기 위한 최선의 전략은 감당할
수 있는 '작은' 목표를 세우고 날마다 실천하는 것이다.

　UCLA 의과대학에서 22년간 수행한 연구는 이러한 사실을 뒷
받침해준다. UCLA 의대 교수 로버트 마우어(Robert Maurer) 박사
에 따르면 목표를 달성하는 유일한 길은 작은 일의 반복이다. 우
리의 뇌는 갑작스러운 변화를 생존에 대한 위협으로 받아들이기
때문에 모든 변화가 아주 작고, 가볍고, 부담이 없어야 한다는 것
이다.

중요한 것은 목표의 거창함이 아니라 작은 목표라도 꾸준히 반복적으로 실천하는 것이다. 탁월한 전문성을 쌓기 위해서는 오랜 시간의 노력과 연구가 필요하기 때문에 거창한 목표보다는 작은 것을 정해 꾸준하게 실천하는 것이 중요하다. '사소함'에 '꾸준함'을 더하면 '탁월함'이 된다.

예를 들어 운동을 시작하고자 한다면 '하루 1개' 팔굽혀펴기를, 영어 공부를 하고자 한다면 '하루 1개' 단어 외우기를 목표로 정하는 것이다. 이런 가벼운 목표는 지치지 않으면서 실천을 지속할 수 있게 만들어주기 때문에 실천의 근육도 점차 단단해진다. 목표를 성취하는 과정을 통해 더 큰 목표를 이룰 수 있는 힘이 생기는 것이다.

또한 단계적으로 목표를 이루다 보면 무엇이든 '할 수 있다'는 믿음도 생긴다. 그 자신감을 맛보는 것이 무엇보다 중요하다. 믿음은 성공과 혁신의 강력한 동력이 되기 때문이다. 이렇게 지속적으로 목표를 달성하는 과정을 거치다 보면 어느 날 원하는 목표를 이루게 된다.

원 오브 뎀에서 벗어나 스페셜 원이 되고자 하는 사람들은 반드시 이러한 사실을 깨닫고 있어야 한다. 사람들은 하룻밤에 스타가 되는 과정을 꿈꾼다. 하지만 현실에서 그런 일은 일어나지 않는다. 모든 결과에는 그에 상응하는 대가가 따른다. 이것이 세상을 움직이는 가장 단순한 원리다.

아주 작은 목표, 그리고 반복의 힘

1. 하루에 5분씩 책을 읽는다.

2. 하루에 1개씩 팔굽혀펴기를 한다.

3. 하루에 1개씩 영어 문장을 외운다.

4. 하루에 한 번씩 나의 꿈과 목표를 생각한다.

5. 하루에 한 문장씩 글을 쓴다.

6. 하루에 한 번씩 칭찬을 한다.

내가 2016년 1월에 세웠던 목표들이다. 보는 바와 같이 아주 사소한 것들이다. 이는 반드시 지킬 수 있는, 즉 지키기 위한 목표들이다.

해가 밝자 아는 사람들에게 목표를 공개했고, 꼭 지키겠다고 선언했다. 그리고 하루에 한 가지 이상 실패할 때마다 1,000원씩 벌금을 내서 매달 말 사랑하는 사람들에게 선물을 사 주겠다는 약속도 했다. 어떠한 경우라도 예외를 두지 않기 위해 노력했다. 감기와 장염으로 무척 아팠던 날을 제외하고, 나는 12시가 지나기 전에 그날 해야 할 일들을 끝내려고 노력했다.

그 결과 1년간 평균 목표 달성률은 무려 92퍼센트였다. 만일 '하루에 2시간씩 헬스장에서 운동하기'처럼 거창한 목표를 세웠다면 92퍼센트 실패했을 것이다. 하지만 작은 목표(하루에 1개씩 팔굽혀펴기를 한다)를 세우다 보니 부담 없이 바닥에 엎드리게 되고, 엎드리다 보니 자연스럽게 10개도 하고 30개도 하게 되었다.

또한 날마다 칭찬을 하려고 관심 갖고 주변을 살펴보니, 사람들의 단점이 아닌 장점이 눈에 띄기 시작했다. 무기력감과 슬럼프가 찾아왔을 때 5분의 독서가 주는 효과는 굉장했다. 동기부여를 시켰고, 새로운 아이디어를 주었으며, 다시 시작할 수 있는 용기를 북돋웠다. 이렇게 날마다 '작은 목표'를 이뤄가면서 나 자신이 조금씩 성장하고 있다는 생각이 들었다.

그렇게 1년이 지난 뒤, 나에게는 '할 수 있다'라는 자신감과 함께 하루하루 실천한 계획들이 가득 적힌 6권의 다이어리가 남았다.

작은 목표를 성취해본 사람이 큰 목표를 성취할 수 있다. 그 목표까지 가는 길을 알고 있기 때문이다. 하지만 큰 목표를 세웠다가 실패를 맛본 사람은 다시 작은 목표를 세우고 도전하기가 어렵다. 또다시 실패할까 두렵기 때문이다.

미국의 유명한 과학자 찰스 케터링(Charles F. Kettering)은 실패와 도전의 중요성에 대해 다음과 같은 명언을 남겼다.

시도하고 다시 시도하고 후회 없이 시도하다가 실패하면 괜찮습니다. 그러나 시도하고 실패했다고 다시 시도하지 않으면 문제가 됩니다.

아무리 작은 목표라도 그것을 이루기 위해서는 자신과의 싸움에서 승리해야 한다. 세상에서 가장 힘든 싸움이 자신과의 싸움이기에 그 결과는 더욱 값지다.

'딱 5분만 더 잘까?' 우리는 매일 아침 눈을 뜨는 순간부터 자신과의 싸움을 시작한다. 하지만 유혹을 이겨내고 밖으로 나갈 때 어제와는 다른 특별한 삶이 시작된다.

나는 오늘도 나와의 싸움을 하면서 나를 이기는 습관을 만들고 있다. 이를 통해 작은 목표들을 성취했고, 그 결과 목표는 더 크고 많아졌다. 이 책을 출간하는 것도 그 목표들 가운데 하나였다. 놀랍게도 사소한 팔굽혀펴기 1개가 책 출판으로까지 이어진 것이다.

배워서 남 줘야
돈이 들어온다

숨어 있는
황금 비율

요즘 지식산업 분야의 스페셜 원들은 과거와 달리 지식과 경험을 독점하려 들지 않는다. 손에 꼭 쥐고 내려놓지 않으려 애쓰는 권력으로 여기는 것이 아니라 타인과 공유해야 할 공동의 가치로 생각하면서 적극적으로 손을 내민다.

예를 들면 책이나 강연을 통해 타인에게 체계화된 정보와 특별한 노하우를 제공함으로써 그들이 성공할 수 있도록 돕는 방식이다. 그런데 재미있는 것은 남들이 성공할 수 있도록 도와주다 보면 나만의 독자적인 무대가 만들어지고, 가치가 올라가고, 도움을 주는 본인 역시 자연스럽게 한 단계 더 성장하게 된다는 점이다.

성장, 명성, 영향력에 상응하는 물질적 혜택도 얻게 되는 1석 3조의 구조, 이것이 바로 내가 지식을 '기회와 성공의 플랫폼'

이라 부르는 이유다.

❈ 지식은 어떻게 자본이 되는가?

지식산업은 무한한 사업적 가치를 지닌다

무자본으로 뛰어들었지만 즐겁게 일하면서 자신의 성장과 물질적인 만족까지 누리는 선순환 구조의 혜택, 이것 또한 스페셜원이 누리는 프리미엄이다. 이는 지식이 무한정한 힘을 가지고 있기 때문에 가능한 프리미엄이다.

지식은 마르지 않는 샘물과 같아서 아무리 퍼주고 퍼내도 사라지지 않는다는 특징이 있다. 남김없이 공유해도 아깝지 않은 것은 물론이고, 오히려 퍼낼수록 더 맑고 시원한 물이 솟아난다.

한번 써놓은 책은 개정 증보판을 통해 계속 탄탄해진다. 한번 준비한 강의 자료는 지속적인 업데이트를 통해 나날이 완벽해진다. 심지어 강의는 할 때마다 기술이 발전한다. 실수가 줄어들고 이미 청중이 좋아하는 포인트를 잘 알기 때문에 인기가 올라간다. 지식산업은 이러한 속성으로 인해 무한한 사업적 가치를 지닌다. 이른바 무한궤도를 달리는 선순환이다.

또한 지식은 무형의 가치로서 존재하지만 유형의 변화를 만들어낼 수 있는 힘이 있다. 눈에 보이거나 손에 잡히지는 않지만 사람들의 마음속에 변화의 불꽃을 불러일으킬 수도 있고 성공의 씨앗을 심을 수도 있다. 책이나 강연을 통해 감동의 눈물을 흘리게 만들기도 하고, 밑바닥으로 추락한 삶에 다시 한번 날아오를 수 있는 날개를 달아주기도 한다.

따라서 높은 명성과 영향력을 추구하는 사람이라면 이러한 지식의 속성을 반드시 이해하고 있어야 한다. 지식은 나와 다른 사람을 연결해주는 플랫폼이 되며, 다른 사람의 마음속에서 불타오를 때에 비로소 진정한 가치를 드러낸다는 것, 내가 쓴 한 줄의 글이나 내뱉은 한마디 말이 다른 사람의 삶에 큰 영향을 끼칠 수 있다는 것도 잊지 말아야 한다.

자신의 재능과 경험을 더하고, 다양한 책과 콘텐츠를 바탕으로 이론을 만들고, 실제로 사람들이 잘 따라 할 수 있도록 이끌어준다면 더욱더 훌륭한 지식산업으로 재탄생할 것이다. 궁극적으로는 이러한 지식을 사람들이 돈을 지불하고 들을 만한 가치가 있을 정도로 수준을 높여야 한다.

지식에 명성과 영향력이 결합되어 수익을 창출하는 순간은 당신이 고객을 끌어당기는 힘을 갖기 시작할 때다. 고객을 끌어당김으로써 오프라인에서 당신과 마주할 때, 진정한 영향력의 법칙이 작동하기 시작한다.

고객을 자석처럼 끌어당기는 스페셜 마그네틱이 되기 위해서는 베스트셀러 작가인 브렌든 버처드가 제시한 8단계의 과정을 따르는 것이 효과적이다. 이는 지식산업 분야의 수많은 성공 사례들을 바탕으로 귀납적 방법을 통해 완성된 결과물이다. 지식에 영향력과 명성을 결합해 수익을 창출하는 법칙으로서 '골든룰(golden rule)'이라 부를 만하다.

골든룰

① 당신의 분야를 선정하고 그것에 대한 지식을 쌓아가라.

② 당신의 이야기를 들어줄 목표 고객을 선정하고 그들의 문제점을 찾아라.

③ 목표 고객의 문제점에 대한 구체적인 해결책을 제시하라.

④ 퍼스널 브랜딩을 통해 신뢰감 있는 이미지를 구축하라.

⑤ 온라인 플랫폼을 통해 그 노하우 중 일부를 무료로 제공하라.

⑥ 당신의 강연과 제품을 알릴 수 있는 프로모션을 제공하라.

⑦ 영향력을 넓힐 수 있는 파트너와 함께 일하라.

⑧ ①~⑦의 과정을 반복하라.

이 책의 1장부터 5장까지 완벽하게 숙지한 사람이라면 이제 남은 골든룰이 2가지뿐이라는 사실을 알고 있을 것이다. 지금부터 6번째, 7번째 골든룰의 비밀을 파헤칠 것이다.

당신의 노하우를 사람들에게 전달하는 5가지 방법: 프로모션
본래 프로모션(promotion)은 '밀어붙이다(push-forward)'라는 뜻을 가진 단어로서 '설득'과 같은 의미로 사용되었는데, 마케팅에서는 제품이나 서비스 판매를 위한 광고나 선전을 의미한다. 만약 강연과 브랜드 제품을 프로모션하고자 한다면 그에 맞는 최적의 전략을 구사해야 한다. 다음과 같다.

① **읽기**: 당신의 노하우를 책, 전자책(e-book), 블로그, 칼럼 등 저가 또는 무료 상품의 형태로 대중에게 제공하는 방법이다. 당신의 탁월한 전문성을 '리딩용(reading) 제품'으로 제공하는 것이다.

② **듣기**: 당신의 노하우를 팟캐스트나 MP3 녹음 파일의 형태로 사람들에게 전달한다. 이는 사람들이 부담 없이 당신의 정보를 듣고 이해하도록 도와줄 것이다. 대부분 무료로 제공하며, 이를 통해 더 많은 사람들에게 알려짐으로써 당신의 명성을 높이고 영향력을 넓히는 데 도움이 될 것이다.

③ **보기:** 당신의 노하우를 유튜브 영상과 페이스북, 인스타그램 라이브 방송을 통해 사람들에게 전달할 수 있다. 영상(보기) 또한 듣기 서비스처럼 많은 사람들에게 영향력을 끼칠 수 있는 방법으로, 대부분 무료로 제공한다. 당신의 명성을 높이고 영향력을 넓히는 중요한 방법이다. 일정 수준의 팔로어가 생기면 광고 의뢰가 들어오고, 수많은 후속 기회를 잡을 수 있는 발판이 되기도 한다.

④ **경험하기:** 당신의 노하우를 외부 강연, 일일 특강, 워크숍, 캠프 등 대중과의 직접 만남을 통해 전달할 수 있다. 이러한 이벤트는 다수의 대중을 한 번에 만날 수 있는 기회를 제공함과 동시에 잠재 고객을 형성하기도 한다.

⑤ **마스터하기:** 당신의 노하우를 '경험' 한 사람들 중에서 당신의 노하우를 '마스터' 하고 싶은 사람들을 대상으로 4주, 8주, 12주 스페셜 코칭 프로그램을 제공한다. 이를 통해 당신의 지식이 높은 수익으로 전환되는 구조를 만들 수 있다.

✿ 강연: 또 하나의 기회

책은 독자에게 주는 선물, 강연은 그 선물을 아름답게 포장하는 것

책을 썼다면 이제는 책을 주제로 한 강연을 준비해야 한다. 책을 읽고 궁금증이 생긴 독자들, 더 깊게 당신의 노하우를 배우고 싶은 사람들에게 강연할 기회들이 주어지기 때문이다.

책이 독자에게 주는 선물이라면 강연은 그 선물에 아름다운 포장을 입히는 과정이다. 이는 당신의 명성과 영향력을 폭발적으로 끌어올릴 수 있는 기회이며, 당신의 노하우를 마스터하고 싶어 하는 잠재 고객들을 만드는 과정이다.

'책 쓰기도 어려웠는데 강연을?', '무대 공포증이 있는데 그 긴 시간을 어떻게?' 두려워할 것 없다. 이 역시 책을 쓰는 것처럼 설계도를 만들고 그 길을 따라가면 된다. 그리고 처음이 어렵지 하다 보면 노하우도 생기고 글쓰기처럼 곧 익숙해진다.

첫 강연의 떨림과 설렘

나 역시 강연에 대해 완전히 무지했었다. 학생들에게 무언가를 가르치는 '강의'에는 자신 있었지만, '강연'은 어떻게 하는 건지도 몰랐다. 내 삶의 이야기를 해야 하는 첫 번째 강연을 준비하면서는 미리 대본을 만들어 전날까지 외우고 또 외웠다. 손에 땀이 배어나 원고가 젖을 정도였다. 이런 나에게 용기를 줬던 영화가 〈이프 온리(If Only)〉였다.

사만다(제니퍼 러브 휴잇 분)의 애인 이안(폴 니콜스 분)은 사만다의 연주회에서 그녀 몰래 자작곡 악보를 복사한다. 그 후 연주회 단원들에게 악보를 나누어 주고 사만다를 마지막 특별 무대로 초청한다. 그녀는 갑작스러운 상황에 당황하지만 이내 무대 위에서 자신의 노래 〈Love Will Show You Everything〉을 열창한다. 아무런 계획도 없이 오른 무대였지만 끝까지 최선을 다해 노래하는 모습을 보며 관객 모두가 기립 박수를 보내는 것으로 영화는 끝이 난다.

떨린다고? 당연하다!

사람들은 무대 위에 서 있는 사람이 얼마나 떨릴지 어느 정도 짐작하고 있다. 자신들도 한두 번 이상은 무대에 서본 경험이 있기 때문이다. 학창 시절에 자리에서 일어나 발표하는 것도 무대라면 무대다. 그때 얼마나 떨렸는지 기억하고 있다.

따라서 중요한 것은 떨지 않는 것이 아니라 떨림을 이겨내고 최선을 다하는 모습을 보여주는 것이다. 무대 위에서 실수하는 것이 두려워 사람들 앞에 나서는 것을 피해서는 안 된다. 무대에 서는 것 자체만으로도 당신은 엄청나게 특별한 영향력을 끼치는 것이다.

나는 첫 무대에서 내 삶의 스토리를 얘기했고, 나만의 색깔을 입혔다. 머릿속에서만 생각해낸 이론들을 얘기하는 강의가 아니라 실제 부딪치고 깨져가며 배운 삶의 경험들을 이야기했다. 내 경험을 진솔하게 얘기하고 재미있는 에피소드(episode)를 전달하면서 다른 사람들과 차별화된 콘텐츠가 탄생하기 시작했다.

같은 주제, 같은 분야의 강연이라도 나만의 색깔을 드러낸 강연을 하기 위해 노력하는 것, 강연에 '특별함'이 더해지기 시작하는 순간은 이때부터다. 자신의 세련된 스토리에 훌륭한 아이디어를 입히면 탁월한 강연이 탄생한다. 이는 사람들이 세상을 바라보는 시야를 넓히고 관점을 바꿀 수 있도록 만든다. 무대 위에서 나만의 매력적인 스토리를 다른 사람들에게 전하는 일은 황홀한 마법과도 같다. 내 삶의 지식과 경험, 노하우를 통해 다른 사람들의 성공을 돕는 일이기 때문이다. 레드로즈 꽃다발에 파묻혀 있던 장미 한 송이가 특별한 골든로즈가 되는 과정은 이처럼 경이롭다.

어떤 경우든 당신의 삶을 이루고 있는 오리지널 스토리는 특별할 수밖에 없다. 전 세계 74억 인구 중에서 오직 단 한 사람, 오직 당신만이 당신의 삶을 경험했기 때문이다. 실제로 내 삶을 통해 깨달은 지식과 경험, 노하우는 놀라운 강연을 만들어낸다. 그렇기 때문에 사람들의 마음을 움직이는 세계적인 강연은 거의 예외 없이 자신만의 특별한 스토리를 바탕으로 하고 있다. 당신만의 무대, 당신만의 스토리, 당신만의 색깔이 당신을 특별한 사람, 즉 스페셜 원으로 만들어줄 것이다.

콘텐츠를 구성하는 황금 비율

시선을 떼지 못할 정도로 강렬한 아름다움을 가진 사람이나, 들으면 들을수록 마음을 울리는 음악, 세계적인 그림과 건축물 등에는 미적 균형감인 '황금 비율'이라는 비밀이 숨어 있다.

황금 비율이란 사람의 시야에 가장 편안하게 보이는 구도로서 1 대 1.618의 비율을 나타내는데 이를 고대 그리스 시대부터 적용하기 시작해 지금까지 수많은 건축물과 예술 작품에 적용하고 있다. 시대에 따라 상대적인 변화가 있었을 뿐 사람들의 무의식 속에 깊이 각인되어 있다.

강연에도 사람들의 심리와 정서를 움직이는 황금 비율이 존재한다. 이러한 황금 비율에 충실하면 청중들의 마음을 울리고 감동을 줄 수 있다.

일반적으로 강연은 5등분으로 나뉜다. '도입부'를 시작으로 주제의 중요성(가), 주제의 구체적인 내용(나), 핵심적인 내용 환기(가´)를 거쳐 '종결부'로 끝이 난다.

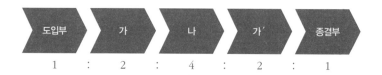

이 5등분을 황금 비율에 따라 다시 시간으로 나눌 수 있다. 만약 1시간짜리 강연을 한다면 '도입부'를 6분, 주제의 중요성을 언급하는 '가'를 12분, 주제의 구체적인 내용을 다루는 '나'를 24분, 핵심적인 내용을 다시 환기시키는 '가´'를 12분, '종결부'를 6분으로 구성하는 식이다. 주어진 1시간을 각 파트별로 황금 비율에 따라 적절히 분배하는 것이 핵심이다.

이렇게 강연을 진행하면 청중들이 전체적인 흐름을 예상할 수 있는 편안한 강의가 이루어진다. '도대체 이 강연은 어디가 시작이고, 어디가 끝인 거야?'라는 생각이 청중들의 마음속에 똬리를 트는 순간, 그 강연은 실패로 끝날 가능성이 매우 높다. 아니, 그런 마음이 드는 순간 이미 실패한 강연이다.

황금 비율에 따라 각 파트에 담을 콘텐츠를 정하기에 앞서 강연의 주제와 제목을 매력적으로 정하는 일도 중요하다. 강연의 제목은 사람들이 강연을 들을 것인지 말 것인지 판단하는 첫 번째 기준이 되기 때문이다.

이는 사람들의 시선을 사로잡는 책 제목을 정하는 일과 비슷하다. 따라서 다양한 참고 도서와 경쟁 도서의 광고 문구, 유명한 강연의 제목들을 참고하는 것도 도움이 된다.

강연의 제목을 정한 뒤 콘텐츠를 구성하는 일은 책의 목차를 구성하는 방법과 동일하다. 매력적인 제목이 정해졌다면 '도입부'와 '종결부'를 제외한 '가', '나', '가''에 각각의 소제목을 붙이고 그에 맞는 사례와 예시를 찾아야 한다.

예를 들어 '성공하는 리더십의 3가지 비밀'이라는 강연 제목을 정했다면 '가'에는 '리더십이 왜 중요한가?'처럼 이 강연의 주제가 왜 중요한지 알릴 수 있는 제목을 정하는 것이다. 또한 '나'에는 본격적으로 성공적인 리더십을 배울 수 있는 3가지 비결을 넣는다. 예컨대 '끌어당김의 법칙', '존경의 법칙', '영향력의 법칙' 같은 제목을 정하는 것이다.

마지막으로 '가''에서는 '리더십이 왜 중요한가?'를 다시금 환기시킨 뒤, "성공한 CEO들뿐만 아니라 누구나 성공적인 리더십을 발휘할 수 있다"라는 교훈적인 메시지를 전달한다. 청중들의 삶과 동떨어진 이야기가 아니라, 누구나 삶 속에서 실천할 수 있는 '솔루션'을 제시하라는 것이다.

다음은 강연 기획안의 예시다. 강연 역시 집을 짓는 것처럼, 책을 쓰는 것처럼, 설계도가 필요하다.

강연 기획안의 예

◉ 주제: 성공하는 리더십의 3가지 비밀
- 도입부: 청중과 공감할 수 있는 말이나 질문으로 시작해 청중들이 내 이야기를 집중해서 들을 수 있도록 마음을 열게 만든다.
- 가: 리더십이 왜 중요한가?
- 나: 성공하는 리더십의 3가지 비결
    - 첫 번째 비결: 끌어당김의 법칙
    - 두 번째 비결: 존경의 법칙
    - 세 번째 비결: 영향력의 법칙
- 가′: 어떻게 하면 리더십을 갖출 수 있는가?
- 종결부: 감동적인 말이나 에피소드로 마무리한다.

그러나 아무리 좋은 콘텐츠를 만들어도 청중의 마음을 처음부터 열지 못한다면, 그 강연은 실패할 가능성이 높다. 이 역시 앞서 설명한 초두 효과라고 할 수 있다. 그래서 효과적인 '도입부'를 만드는 것이 강연의 성패를 결정짓는 결정적 열쇠라고 할 수 있다. 성공적인 '도입부'를 만드는 방법은 2가지다.

첫째, 듣기 편하고 쉬운 이야기로 시작하는 것이 좋다. 청중들에 대한 가벼운 칭찬이나 관심, 누구나 대답할 수 있는 질문으로 시작하는 것이다. 예컨대 보이스 컨설턴트 김창옥 교수처럼 "예쁜 여자 오래 가나요, 오래 못 가나요?" 하는 식의 흥미로운 질문으로 시작하는 것도 좋은 방법이다.

둘째, 청중들과 공감대를 형성해서 빠른 시간 안에 마음을 열게 하는 것이다. 청중들이 공감할 수 있는 주제를 먼저 얘기함으로써 심리적인 방어선을 무너뜨리는 방식이다. 대한민국에서 가장 유명한 스피치 컨설턴트 김미경 교수는 다음과 같은 말로 '꿈을 이루는 7가지 법칙'이라는 강연을 시작한다. 다음은 그 현장의 목소리다.

(손을 흔들며 자신감 있게 무대로 걸어 나온다. 무대에는 흥거운 음악이 흘러나오고 있다) 반갑습니다. 안녕하세요? 여러분, 잘 지냈어요? 애들도 잘 크고요? 많은 사람들이 궁금해서 물어보는데, 저는 애가 셋이에요. 큰애가 25살, 제 나이는 51살이고요. 손 들어봐요, 저랑 같은 용띠. 둘째는 19살, 아들내미 하나 있고요. 제가 마흔하나에 늦둥이를 낳았어요. 11살 초등학교 4학년, 아유, 엄청 이뻐요. 다들 남편은 어디 사라진 줄 아는데 잘 살고 있어요. (청중

을 살피며) 자, 이제 여기에는 어떤 분들이 오셨나 한번 볼까요? 20대 분들 손 들어보세요. 어휴, 20대 손 드신 분들 몇 분 계신데, 많이 힘들죠? 힘들지 뭐, 독립하려니 막막하고, 취업하려니 전쟁이고, 직장은 어디 잡아야 할지도 모르겠고, 결혼하려고 해도 5포 세대, 7포 세대란 말이 매일같이 들리니까.

30대 한번 손 들어봐요. 크게 딱 들어보세요. 굉장히 많네. 여긴 또 얼마나 힘든데. 30대가 어떠냐 하면요, 가장 중요한 결정을 30대에 다 하게 되어 있어요. 직장과 결혼, 이 두 가지를 다 하잖아요. 근데 그 결정을 할 때 친구랑 비교하니까 더 힘들어요. 이 친구는 대기업에 들어가서 연봉이 6,000만 원이 넘고, 저 친구는 결혼할 때 엄마가 목동에 38평짜리 아파트 해줬다더라 하는 얘기 때문에 더 힘든 거예요. 30대가 왜 속상한지 아세요? 그 차이가 평생 안 좁혀질 것 같거든(동의를 구하는 표정으로 고개를 좌우로 돌린다). 근데 그렇지 않아요? 여러분?

과연 국내 최고라고 일컬어질 만큼 자연스럽고도 간단하게 청중들을 무장해제시킨다. 이쯤 되면 '어디, 얼마나 강연을 잘하나 보자'라는 태도를 가진 뻐딱한 청중들까지 빗장을 풀어버리게 된다.

비결은 간단하다. 김미경 교수는 자신의 가족 이야기로 출발해서 20대, 30대 청중들의 공감을 이끌어냈다. 이처럼 감추고 싶은 사적인 허물로 '도입부' 를 시작하면 청중들은 그 오리지 널 스토리에 귀를 기울이면서 마음을 연다. '맞아, 나도 그랬었 지', '저 사람도 나와 같은 어려움이 있었구나' 라고 고개를 끄 덕거리는 사이 청중들은 자연스럽게 강사와 공감대를 형성하게 된다.

다음 '가' 로 넘어가면 꿈이 왜 중요한지 자신의 사례가 담긴 재미있는 에피소드를 제시하는 것이 좋다. 빌 게이츠나 스티브 잡스, 마윈이나 잭 웰치처럼 세계적으로 유명한 사람들의 이야 기와 그들이 했던 명언을 풀어놓으면서 강연에 불을 붙이는 것 이다.

그리고 '나' 에서는 본격적으로 '성공하는 리더십의 3가지 비밀' 에 대해 얘기할 차례다. 여기서 '끌어당김의 법칙', '존경 의 법칙', '영향력의 법칙' 등 각각의 법칙에 논리적인 근거와 에피소드를 적절히 배치해서 청중들의 눈과 귀를 사로잡아야 한다.

이제 청중들은 점점 더 이야기에 빠져들면서, '그렇다면 저 는 어떻게 해야 꿈을 이룰 수 있을까요?' 라고 마음속으로 묻기 시작할 것이다. 그때쯤 '가'' 로 다시 넘어가 꿈을 이루는 데 가 장 중요한 방법들을 다시 한번 상기시켜주고, 자신이 꿈을 이뤘던 에피소드를 들려주면서 마무리 인사와 함께 강연을 마치는 것이다.

'종결부'는 감동적인 말로 마무리하는 것이 가장 효과적이다. 나는 주로 유명 인사의 명언이나 격언을 들려주면서 끝을 낸다. 앞에서 약간의 실수가 있어도 마무리가 마음에 와 닿으면 앞에서 했던 말들이 모두 감동적으로 기억되기 때문이다.

사람들의 가슴에 불을 지피는 성공적인 강연은 이렇게 황금 비율에 따라 철저하게 계획된 준비를 통해 나온다. 강연을 기획하는 것은 책을 쓰는 일과 같다. 평소에 가진 독서 습관을 통해 참고 도서와 경쟁 도서를 많이 분석한 사람이 훌륭한 책을 쓸 수 있는 것처럼 평소에 많은 사람들의 강연을 보고 분석한 사람만이 성공적인 강연을 할 수 있다.

박수 받는 강연을 만드는 4가지 성공 법칙

강연 경험이 쌓이다 보니 점점 더 욕심이 생겼다. 강연 자체를 하나의 예술 작품처럼 수준 높게 만들고 싶었다.

이를 위해 미국 대통령의 연설에서부터 스타 강사들의 강연에 이르기까지 다양한 강연들을 유튜브로 찾아서 보고, 또 직접 들으러 다니면서 성공적인 강연의 비밀에 대해 꾸준히 연구해 나갔다.

그중 TED 대표를 맡고 있는 크리스 앤더슨(Chris Anderson)이 제작한 〈훌륭한 강연을 위한 TED의 비밀(TED's Secret To Great Public Speaking)〉이라는 영상을 우연히 보게 되었다. 이 영상 하나가 강연에 대한 나의 생각을 획기적으로 전환시켜놓았다.

잘 알려진 것처럼, TED는 나이, 종교, 성별을 떠나 사고의 폭을 넓히는 명강사를 초빙해 강연을 주최하는 비영리단체다.

'세상을 바꾸는 18분의 기적'이라고 불릴 만큼 TED를 완전히 새로운 모습으로 바꿔놓은 크리스 앤더슨은 전 세계적으로 꽃을 피우는 마법 같은 강연의 비밀을 한마디로 정리했다.

모든 위대한 TED 강연에 공통적으로 있는 것이 하나 있습니다. 그것을 여러분들과 공유하려고 합니다. 저는 위대한 강연의 비결을 수많은 TED 강연자로부터 직접 배웠습니다. 수많은 강연자들과 그들의 주제가 모두 다른 것처럼 보이지만 한 가지 중요한 재료가 공통적으로 들어 있습니다. 그것은 바로 '아이디어'입니다. 강사들은 청중들의 마음속에 '아이디어'라고 불리는 특별한 선물을 옮겨놓습니다.

그가 말하는 '아이디어'란 한 사람의 삶일 수도 있고, 여러 가지 의미를 함축하고 있는 이미지일 수도 있으며, 일어나기를 바라는 미래의 사건이나 인생의 중요한 가치를 일깨우는 메시지일 수도 있다. 스페셜 원의 지식과 경험은 이러한 의미를 모두 포괄한다. 우리의 지식과 경험이 곧 아이디어인 것이다. 이러한 아이디어를 사람들의 마음속에 들어갈 수 있도록 옮겨놓는 것이 성공적인 강연의 첫 번째 열쇠다.

그는 이어서 청중들의 마음속에 아이디어를 옮겨놓는 흥미로운 4가지 방법에 대해 이야기한다.

아이디어는 문화의 형태를 만들어가는 가장 강력한 힘을 지니고 있습니다. 그러므로 강연에서 가장 중요한 일이 청중들의 머릿속에 아이디어를 구축하는 것이라는 사실에 동의하신다면 어떻게 그 일을 성공적으로 해낼 수 있는지 4가지로 알려드리겠습니다.

첫째, 여러분의 강연을 하나의 핵심 아이디어로만 한정하세요. 아이디어는 복잡한 것입니다. 여러분이 가장 큰 열정을 갖는 단하나의 아이디어에 집중하고, 그 하나를 제대로 설명하기 위해 부가적인 내용을 줄여야 합니다. 아이디어가 탄생한 맥락을 제시하고 효과적인 예시를 공유하고 생생하게 보여주어야 합니다. 그러므로 단 하나의 아이디어를 선정해서 강연 전체를 꿰뚫는 하나의 선이 되도록 만드세요. 여러분이 말하는 모든 것이 어떠한 방식으로든 그 선과 연결될 수 있도록 말입니다.

둘째, 청중들이 관심을 가질 만한 이유를 제시해주세요. 청중들의 마음속에 아이디어를 옮기기 전에 여러분을 기꺼이 받아들일 수 있도록 허락을 받아야 합니다. 청중들의 허락을 받기 위해 가장 필요한 도구가 뭘까요? 그것은 바로 호기심입니다. 청중의 호기심을 자극하세요. 흥미롭고 자극적인 질문을 던져서 왜 어떤 현상이 말이 안 되고, 설명이 필요한지 알려주세요. 사람들의 세계관 속에 연결이 끊어져 있는 부분을 드러내주면 사람들은 그 지식 격차를 이을 필요성을 느끼게 될 겁니다. 그 욕구를 불러일으키고 나면 여러분의 아이디어를 사람들의 머릿속에 구축하는 것이 훨씬 쉬워질 것입니다.

셋째, 청중들이 이미 이해하고 있는 개념으로 여러분의 아이디어를 하나씩 하나씩 구축해나가세요. 언어의 힘을 사용해 청중들의 머릿속에 이미 존재하는 개념들을 함께 엮으세요. 그렇지만 여러분의 언어가 아닌 누구나 이해하기 쉬운 청중의 언어로요. 그들이 서 있는 지점에서 시작하는 것이죠. 강연자들은 종종 자신들의 삶 속에 있는 개념들과 용어들이 청중들에게는 생소한 언어라는 사실을 잊어버립니다.

이때 '비유'는 깨어진 조각들이 어떻게 맞추어지는지 보여주는 데 중요한 역할을 합니다. 청중들이 이미 이해하고 있는 아이디어를 이용하면 비유를 이해하기 시작할 것입니다. 예를 들어, 제니퍼 칸(Jennifer Kahn)은 'CRISPR(Clustered Regularly Interspaced Short Palindromic Repeats의 약자로서 '주기적으로 간격을 띄고 분포하는 짧은 회문 구조 반복 서열'이라는 매우 어려운 뜻이다. 흔히 '크리스퍼'라고 부른다-저자)'라는 놀라운 생명공학 기술을 이렇게 설명했습니다.

"DNA를 편집할 수 있는 워드프로세서가 처음으로 생긴 기분입니다. 크리스퍼는 유전정보를 매우 쉽게 자르고 붙일 수 있게 해줍니다."

비유를 통한 이런 생생한 설명은 청중들에게 만족스러운 깨달음의 순간을 가져다줍니다. 머릿속에 착 달라붙으면서요. 그렇기에 절친한 친구들을 대상으로 강연을 해보고 어느 부분에서 헷갈려하는지 알아내는 것이 중요합니다.

성공적인 강연의 네 번째 비밀은 여러분의 아이디어를 공유할 만한 가치가 있도록 만드는 것입니다. 이 질문을 해보세요. "이 아이디어가 누구에게 도움이 되는가?" 진술하게 대답해야 합니다. 여러분이나 여러분이 속하는 조직에만 도움이 되는 아이디어라면 죄송하지만 공유할 만한 가치가 없는 아이디어입니다. 청중들은 속내를 꿰뚫어 볼 것입니다. 하지만 다른 이들의 삶을 나아지게 하거나 다른 사람들의 관점을 더 나은 방향으로 변화시키거나 다르게 행동할 계기를 마련해줄 가능성이 있는 아이디어라면 진정으로 훌륭한 강연을 만들 수 있는 핵심 재료를 가지고 계신 겁니다. 이는 우리 모두에게 선물이 될 수 있는 강연입니다.

나는 강연과 스피치에 관한 수많은 책과 강연을 봤지만 이와 같이 훌륭하고 이해하기 쉽게 정리한 내용은 아직까지 보지 못했다.

크리스 앤더슨의 이야기는 성공적인 강연에 관한 훌륭하고 탁월한 통찰력이다. 단 한 가지 핵심 아이디어를 선별해서 청중들의 호기심을 자극하고, 누구나 이해하기 쉬운 언어로 청중들의 머릿속에 아이디어를 옮겨놓는 일은 성공적인 강연을 위한 모범적인 프로세스다.

만약 이러한 핵심 아이디어가 다른 사람들의 삶을 나아지게 하거나, 다른 사람들의 관점을 더 나은 방향으로 변화시키거나, 새로운 행동을 촉구할 수 있다면 그것은 모두가 공유할 만한 가치가 있는 핵심 아이디어일 것이다.

발 없는 말이 천 리를 가듯이, 이 강연이 공개되는 순간 전 세계 수많은 유튜브 구독자들에게 확산될 것이다.

✿ 스페셜 코칭 프로그램으로 고급 수요를 창출하라

모든 것을 다 한다는 것은 하나도 제대로 하지 못한다는 뜻이다

앞서 골든룰을 설명할 때 당신의 노하우를 사람들에게 전달하는 5가지 방법에 대해 이야기했었다. 이른바 프로모션으로서 각각 '읽기', '듣기', '보기', '경험하기', '마스터하기'라고 설명했다. 그중에서 중요한 것이 경험하기와 마스터하기다. 다시 한번 들여다보자.

'경험하기'란 당신의 노하우를 외부 강연, 일일 특강, 워크숍, 캠프 등 대중과의 직접 만남을 통해 전달하는 것이다. 이러한 이벤트는 다수의 대중을 한 번에 만날 수 있는 기회를 제공함과 동시에 잠재 고객을 형성하기도 한다.

'마스터하기'란 당신의 노하우를 경험한 사람들 중에서 당신의 노하우를 마스터하고 싶은 사람들을 대상으로 4주, 8주, 12주 스페셜 코칭 프로그램을 제공하는 것이다. 이를 통해 당신의 지식이 높은 수익으로 전환되는 구조를 만들 수 있다. 따라서 프로페셔널 강사의 최종 목적지는 마스터하기라고 할 수 있다.

'경험하기'에서 '마스터하기'로 넘어가라

'경험하기'에 해당하는 외부 강연과 일일 특강이 모두 잠재 고객을 형성하고 다수의 대중을 만나는 과정이었다면 이제는 '마스터하기'로 넘어가야 할 차례다. '경험하기'를 통해 형성된 잠재 고객들 중에서 당신의 노하우를 '마스터'하고 싶은 소수의 사람들을 대상으로 '스페셜 코칭 프로그램'을 제공하는 단계에까지 이르러야 한다.

나는 《지식을 돈으로 바꾸는 기술》을 주제로 한 다양한 외부 강연과 일일 특강, 독서 모임을 통해 많은 잠재 고객들과 만남을 가졌고, 현재도 기회가 될 때마다 외부 강연을 나가고 있다. 강연이 끝나면 항상 더 자세한 내용에 관심을 갖는 사람들이 생기기 마련이고, 그때마다 그들을 위한 '스페셜 코칭 프로그램', 즉 스페셜 원 프로그램을 소개한다. 이처럼 '경험하기'와 '마스터하기'는 서로를 강력하게 연결하며 시너지 효과를 낸다.

하지만 '경험하기'에 속하는 외부 강연과 일일 특강과 달리 '마스터하기'에 속하는 '스페셜 코칭 프로그램'은 단기간에 만들어지지 않는다. 책을 쓰면서 관련 분야에 해당하는 수많은 책을 읽고, 외부 강연과 일일 특강, 개별 컨설팅을 하면서 고객들의 문제점을 파악하며 그들을 변화시키는 과정에서 얻은 노하우와 경험, 지식들이 4주, 8주, 12주로 이어지는 스페셜 코칭 과정을 만드는 토대가 된다. 이러한 경험 없이 만들어진 프로그램은 오래 지속되지 못한다. 고객은 그 모든 것을 꿰뚫어 보기 때문이다.

골든맵: 스페셜 코칭 프로그램 기획의 6단계 프로세스

지금부터는 당신이 탁월한 전문성을 쌓은 전문가라는 전제 아래 총 6단계로 이루어진 '스페셜 코칭 프로그램'의 기획 과정을 단계별로 보여줄 것이다.

이 책에서는 이러한 프로그램 기획의 과정을 '골든맵(golden map)'이라고 칭한다. 골든맵은 세계적인 브랜드 마케팅 전문가 빌 비숍(Bill Bishop)이 제공한 이론적 틀을 기반으로 만들어졌음을 미리 밝혀둔다.

● 1단계: 최상의 고객 유형을 결정하라

어떤 중국집은 짜장면과 함께 가게 앞에서 옷을 팔기도 한다. 배고픈 고객, 옷이 필요한 고객 등 많은 유형의 고객과 거래하겠다는 사업적 태도다. 제품 또는 서비스를 팔아서 수익을 창출할 수만 있다면 방식이 어떻든 상관없다는 이런 태도는 시간이 갈수록 다양한 문제를 발생시킨다.

일단 자신의 역량을 한곳에 집중시키지 못하는 것이 문제다. 더 맛있는 짜장면을 만들고, 식당 내부를 청결하게 유지하며, 뛰어난 서비스를 제공하고, 다양한 마케팅 채널을 통해 홍보하는 데 노력을 기울여야 할 시간에 오로지 더 많은 돈을 벌기 위해 가게 앞에서 옷을 파는 것은 두 마리 토끼를 동시에 잡으려는 어리석은 생각이다. 이는 축구를 하면서 농구공으로 덩크슛을 시도하는 것과 같다. 결국 아무것도 이루지 못하고 어려움과 혼란만 초래할 뿐이다.

두 번째 문제는 이런 사업적 태도가 고객들의 눈에 비전문가로 인식된다는 점이다. 뭐든지 다 하지만 특별히 잘하는 것이 없는 사람으로 보이게 되는 더 큰 문제는 많은 유형의 고객과 거래하기 때문에 어떤 고객의 유형에 대해서도 정확하게 파악하지 못한다는 것이다. 그저 물건만 판매할 뿐, 고객의 니즈를 어떻게 더 훌륭하게 충족시킬 수 있는지에 대해서는 어떠한 아이디어도 내놓지 못한다.

따라서 어떤 고객과 거래하고 싶은지 명확하게 초점을 맞춰야 한다. 세움스쿨에서 운영하는 스페셜 원 프로그램의 경우 오직 '지식'으로 '돈'을 벌고자 하는 분야별 전문가들을 대상으로 한다. 이는 교육과 관계없는 분야의 사람들과는 함께 일하지 않겠다는 뜻이기도 하다.

나는 이것이 사업을 하면서 내린 최상의 결정이라고 믿는다. "모든 사람들과 함께할 수는 없다"는 결정을 내림으로써 최상의 고객 유형에게 집중할 수 있는 힘이 생겼다.

이러한 최상의 고객 유형을 결정하기 위해서는 잠재 고객에 해당하는 모든 종류의 고객을 적어놓고 선택해야 한다. 사업을 장기적으로 지속하기 위해서는 함께 일했을 때 즐거운 사람들을 선택해야 한다. 어떤 사람들과 일할 때 즐거운지, 누구와 거래해야 수익이 가장 많이 발생하는지, 거래하기 싫은 고객은 어떤 유형인지 생각해보고 최악의 고객부터 지워나가는 단계가 스페셜 코칭 프로그램 기획의 제1단계다.

● 2단계: 고객의 이상적인 자아상을 보여줘라

최상의 고객 유형을 결정했으면 이제 고객들의 이상적인 특성을 분명하게 보여주는 표현을 제공해야 한다. 이는 그들이 스스로를 어떤 사람으로 생각하고 싶은지, 어떤 사람이 되고 싶은지를 가정해 그에 맞는 적절한 표현 방식을 제공하는 것이다.

예를 들면 당신의 이상적인 고객은 지혜롭고, 개방적이며, 상대편을 배려할 줄 아는 인성을 가진 사람이라고 이야기하는 것이다. 더불어 당신의 프로그램을 더욱 고급스럽고 차별화된 것처럼 보이도록 만드는 말을 덧붙여야 한다.

"우리의 ○○○ 프로그램은 누구나 이용할 수 있는 것이 아닙니다. 오직 지혜롭고, 개방적이며, 상대편을 배려할 줄 아는 인성을 가진 고객만을 위한 것입니다. 만약 고객님이 여기에 해당하시면 이 새로운 ○○○ 프로그램에 관심을 가질 것입니다."

사람들은 대부분 본인이 그런 부류의 사람이라고 믿고 싶어 한다. 본인 스스로를 지혜롭지 못하고, 폐쇄적이며, 상대편을 배려할 줄 모르는 못된 인성을 가진 사람이라고 생각하는 사람은 거의 없다. 한 심리학 연구 결과에 따르면 사람들은 일단 이러한 자아상을 받아들이고 나면 그러한 자아상이 자신에게 부합한다는 것을 증명하기 위해 많은 노력을 기울인다고 한다. 그러므로 그들은 다음과 같이 이야기한다.

"○○○ 프로그램에 대해서 좀 더 자세히 이야기해주세요. 내게 필요할 수도 있을 것 같거든요."

이러한 심리학에 근거한 마케팅 기법은 전 세계적으로 널리 애용되고 있다. 광고에서 흔히 멋진 남자와 여자 배우를 기용해 행복한 모습을 보여주는 이유는 사람들로 하여금 스스로 바라는 자아상을 그려보도록 만들기 위해서다.

"언제나 스물여덟, 젊은 감각"이라고 외치며 아름다운 핸드백을 든 여배우의 모습을 그리는 에스콰이어의 광고를 보고, 에스콰이어 핸드백을 구매하는 것은 결코 우연이 아니다. 멋진 근육질의 남자가 황금빛 람보르기니를 타고 달리는 모습 위로 "남자의 멋은 자동차로부터"라는 카피가 지나가면 남자들은 그 광고의 주인공이 되고 싶어 한다.

만일 잠재 고객에게 "누구나 이용할 수 있는 것이 아닌, 오직 특정한 특성을 갖춰야 자격이 된다"라고 당신의 프로그램을 설명한다면 그의 마음속에는 스스로를 그러한 특성에 맞추고자 하는 심리적인 변화가 일어나게 된다. 그러고는 당신을 자신의 이상적인 자아상을 이루고 강화하도록 도와줄 전문가로 보게 되는 것이다.

이는 모두와 거래를 맺으려고 애쓰면서, 늘 예전부터 써오던 마케팅 방식을 구사하는 수많은 원 오브 뎀으로부터 당신을 해방시켜줄 것이다. 기억하라. 사람들이 가장 갖고 싶어 하는 한 가지는 '갖지 못하게 될지도 모른다는 두려움이 드는 무엇' 이다. 또한 사람들은 긍정적인 자아상을 형성하고 강화하고 싶어 한다는 것을 잊지 말자.

● 3단계: 고객의 궁극적인 목표를 파악하라
어느 날 우연히 커피숍에 앉아 있다가 한 자산관리사와 잠재 고객이 대화하는 내용을 듣게 되었다. 그들은 약 2시간에 걸쳐 이야기를 나눴는데 그 자산관리사는 금융 자격증도 8개나 보유한 실력자였고, 3년 연속 최연소 MDRT(Million Dollar Round Table: 고소득 자산관리사)를 달성했을 뿐만 아니라 회사에서 수여하는 상까지 여러 차례 받은 인재였다.

하지만 어떤 이유에서인지 잠재 고객은 좀처럼 계약하려는 태도를 보이지 않았다. 자산관리사의 경력과 보험 상품에 대한 이야기를 듣고 있기는 했지만 흥미를 느끼고 있는 것처럼 보이지는 않았다.

그 자산관리사가 해당 잠재 고객과 거래 관계를 맺지 못한 데에는 여러 가지 이유가 있을 수 있지만, 고객이 이루고 싶은 궁극적인 목표를 언급하지 않았기 때문일 가능성이 크다. 보험에 가입해서 은퇴 자금을 마련하는 것도 그가 원했던 것일 수 있다. 하지만 이는 2차적인 목표였을 것이다. 궁극적인 목표는 종 잣돈 마련을 통한 빅머니 창출과 이를 통해 원하는 삶을 실현하는 것이었을 것이다.

수많은 원 오브 뎀들이 트러블 속에서 고통받다가 결국 스페셜 원이 되지 못하는 이유는 고객의 2차적, 3차적 목표만을 이야기하기 때문이다. 전문가는 반드시 고객의 궁극적인 목표를 꿰뚫고 있어야 한다. 이러한 궁극적인 목표를 찾기 위해서는 연속해서 3번의 '왜(why)'를 던져보는 것이 좋다.

예를 들면 2차적 목표인 "돈을 왜 벌고 싶은데?"와 같은 질문을 연속해서 던지는 것이다. 그러면 짧은 시간 안에 궁극적인 목표를 파악할 수 있다. 몇 가지 예시를 통해 이를 구체적으로 알아보자.

분야	금융 서비스	의료 서비스	교육 서비스
2차적 목표	돈을 버는 것	질병을 치료하는 것	지식을 쌓는 것
궁극적 목표	동경하고 꿈꾸던 삶을 실현하는 것	건강한 생활 방식을 향유하는 것	자신이 꿈꾸던 목표를 성취하는 것

이와 같은 고객의 궁극적인 목표를 꿰뚫고서 이를 고객에게 전달할 수 있다면 고객과 한층 더 발전된 관계를 맺을 수 있다. 당신이 고객에게 유의미한 존재가 되기 때문이다.

● 4단계: 고객이 궁극적인 목표에 도달할 수 있는 프로세스를 만들어라

앞서 우리가 확인했듯이, 고객은 대개 우리가 생각하는 것보다 높은 수준의 목표를 찾고 있다. 궁극적인 목표 말이다.

높은 수익을 창출하기 위해서는 고객의 궁극적인 목표를 성취할 수 있는 프로세스를 만들어야 한다. 그 프로세스를 통해 고객이 기존 모습에서 탈피해 완전히 새로운 면모를 갖출 수 있도록 도와야 한다. 그것이 높은 수익을 창출하는 비밀 열쇠다.

세계적인 브랜드 마케팅 전문가 빌 비숍이 제시한 다음의 사례는 이러한 프로세스를 만드는 훌륭한 모범이 된다.

당신이 피트니스클럽을 운영한다고 상상해보자. 5년 전에 피트니스클럽을 개업했고, 연회비로 750달러를 부과했지만 고객들은 넘쳐 났다. 하지만 맞은편에 새로운 피트니스클럽이 생기면서 이러한 상황은 역전되기 시작했다.

맞은편의 피트니스클럽은 더 좋고, 더 새로운 운동기구를 갖췄음에도 불구하고 연회비로 500달러를 받았다. 그에 따라 당신도 연회비를 500달러로 낮출 수밖에 없었다. 더욱이 또 하나의 피트니스클럽이 문을 열면서 당신은 연회비를 다시 400달러로 낮춰야 했다.

이 과정을 통해 당신은 상황이 이대로 계속되어서는 안 된다고 외치기 시작한다. 당신의 피트니스클럽에 무언가 새롭고 극적인 변화가 필요하다고 느낀다. 당신은 발등에 불이 떨어진 사람처럼 다시 처음부터 무엇이 문제였는지 고민하면서 지금까지의 고객 유형을 분석해서 최상의 고객 유형을 재정립하고, 가장 중요한 고객들이 달성하고자 하는 최상의 목표를 만든다.

하지만 당신의 피트니스클럽에는 이러한 최상의 목표를 달성할 수 있는 체계적인 계획이나 프로세스가 없어서 대부분의 고객들은 자신의 목표를 달성하지 못하고 있었다. 또한 당신은 회원들에게 필요한 것이 운동만이 아니라는 사실을 깨달았다. 그들에게는 보다 나은 식습관과 보다 건강한 생활 방식도 필요했다.

당신은 이러한 인식을 토대로 피트니스 회원들이 궁극적 목표를 달성하고 새로운 면모를 갖출 수 있도록 돕는 프로세스를 만들기로 결정한다. 일반 회원을 위한 400달러 연회비를 그대로 유지하는 한편, '그레이트 세이프 포뮬러(GSF)' 라는 이름의 프리미엄 프로그램을 만들어서 4,000달러에 제공하는 방식이다.

당신은 그 가격이 모두를 위한 프로그램이 아님을 알고 있다. 하지만 진정으로 멋진 몸매를 원하고 그것을 위해서라면 많은 돈을 지불하는 사람들이 있다는 사실 또한 잘 알고 있다. 회원들이 피트니스클럽에 처음 가입할 때의 몸 상태에서 벗어나 많은 면에서 바람직한 신체를 갖도록 도울 수 있는 방법을 생각해 프로그램을 개발한다. 회원들은 전형적으로 과체중에다 근육이 빈약하며 심혈관 기능이 약화된 상태다. 게다가 자긍심이 부족하고 끈기가 없으며 스트레스를 많이 받는다. 전반적인 신체 기능뿐만 아니라 정신 건강도 열악하다는 얘기다.

당신은 고객에 대한 체계적인 분석을 바탕으로 어떻게 프로그램을 개발해야 할지 수많은 전문가들과 함께 고민한 끝에 다음과 같은 과정을 만들어냈다. 그들은 분명히 1주일에 적어도 3차례, 한 시간 이상씩은 운동해야 한다. 과정을 밟아나가는 과정에서 의료 검진을 받게 할 필요도 있다. 심신 단련에 도움이 되는 요가도 필요하고, 건강을 위한 식습관 상담도 필요하다. 피트니스와 건강에 영향을 끼치는 정신적 또는 정서적 장애가 있는 경우 그것을 떨쳐내도록 돕는 심리 치료도 필요하다.

회원들의 신체 변화를 이뤄내기 위해 당신은 이들 요소를 적절한 순서로 연결한다. 첫 번째 단계는 비전 확립 및 프로그램 계획이다. 두 번째 단계는 의료 검진이고, 세 번째는 피트니스, 네 번째는 식단, 다섯 번째는 요가 수업, 이런 식으로 18단계까지 이어진다.

무료로 1기에 해당하는 20명을 모집해서 이 18단계를 실제 적용해보면서 당신은 더 완벽한 프로세스를 개발하는 데 도달한다. 이제 누구든 이 18단계 프로그램을 밟으며 필요한 모든 것을 수행한다면 망가진 모습에서 바람직한 면모로 완전한 변화를 이룰 것이 확실하다.

이러한 스페셜 코칭 프로그램은 피트니스클럽의 평판을 올려준다. 지역 언론 매체들이 관심을 갖고 당신의 새 프로그램이 얼마나 효과적인지에 대한 기사를 게재한다. 당신은 책을 쓰고, 비디오를 보며 따라 할 수 있는 프로그램을 출시한다. 다른 피트니스클럽들은 자신의 클럽에서도 당신의 프로세스를 이용할 수 있도록 라이선스를 줄 수 있는지 문의한다. 모두가 그 멋진 프로세스의 성공 방안을 배우고 싶어 한다. 이렇게 당신의 프로세스가 하늘에서 밝게 빛나는 별이 되는 것이다.

위의 사례는 고객의 궁극적 목표를 파악하고 그것을 달성하도록 돕는 모든 단계가 포함된 프로세스를 개발하는 것이 중요하다는 것을 잘 보여준다. 이 과정은 결코 쉽게 이뤄지지 않는다. 그 프로세스 자체가 원 오브 뎀 트러블에서 당신을 해방시키는 차별화 포인트가 되기 때문이다. 하지만 반드시 달성해야 하는 과제임에는 틀림없다.

위의 사례에서 주목해야 할 한 가지는 피트니스클럽이 기존의 400달러에 해당하는 연회비는 그대로 두고 4,000달러의 프리미엄 프로그램을 개발한 것이다. 이처럼 고급 수요를 창출하기 위해서는 여러 가지 선택지를 제시하는 방법이 효과적이다.

특히 저가, 중가, 고가 3개의 상품으로 구성된 프로그램을 제시할 경우 대부분의 사람들은 '중가'에 해당하는 프로그램을 구매하므로 핵심 프로그램을 중심으로 몇 가지 단계를 제외한 '저가 프로그램'과 몇 가지 프리미엄 옵션을 더한 '고가 프로그램'을 동시에 출시하는 것이 효과적이다.

● 5단계: 특권 클럽을 만들어라

몇 년 전 어머니가 부동산 공인중개사 자격증을 취득하기 위해 학원을 알아본 적이 있었다. 나는 강남과 노원에 있는 두 학원 중에서 어느 곳이 좋은지 비교하다가 선생님의 실력과 가격이 모두 비슷한 수준인 것을 발견했다.

하지만 나는 강남 학원을 강력하게 추천했다. 그 이유는 해당 학원이 오랜 전통을 기반으로 합격생들 커뮤니티를 효과적으로 운영하고 있었기 때문이다. 심지어 '인맥 북(book)' 제공과 함께 멤버십 가입과 모임 문화도 활성화되어 있었다.

이처럼 모두가 비슷한 가격과 서비스로 경쟁하는 시대에는 '특권 클럽'을 가진 사람이 탁월하게 돋보일 수 있다. 사람들에게는 '가지지 못할 가능성이 있는 그 무언가'를 갖고 싶은 소유욕이 있다. 이러한 특권 클럽은 처음에는 작게 느껴져도 1년, 2년, 3년이 지나면서 점차 당신만이 가진 강력한 무기가 될 것이다.

● 6단계: 하나의 브랜드로 통일하라

이러한 모든 단계를 거쳐 만들어진 당신의 '프로그램'과 '특권 클럽'은 '하나의 브랜드'로서 통일성을 지니고 있어야 한다. 이는 중심 테마를 잡는 것에서 시작되는데, 빌 비숍이 제시하는 방법을 따라감으로써 손쉽게 중심 테마를 생각해낼 수 있다. 중심 테마를 만들어내는 5단계 방법은 다음과 같다.

• 1단계: 당신의 잠재 고객들이 겪고 있는 문제를 파악하고 그것

을 해결하기 위한 솔루션을 정한다.

→ 탁월한 지식은 갖추고 있지만 거기에 명성과 영향력이라는 가치를 결합해서 높은 수익을 창출하는 방법에 대해 알지 못하는 사람들이 많이 있다. 이를 해결하기 위해서는 스페셜 원 프로그램이 제시하는 성공의 7단계가 필요하다.

- **2단계**: 잠재 고객들이 겪고 있는 문제 또는 당신의 솔루션을 닮은 비유를 찾아낸다.

→ 지식산업 분야에서 돋보이지 못한 채 경쟁하는 모습이 꽃다발 속에서 구별되지 않는 레드로즈들의 모습과 닮았다.

- **3단계**: 그 비유를 활용해 고객의 문제 또는 당신의 솔루션을 하나의 명칭으로 만들어낸다.

→ 어느 누구도 돋보이지 못한 채 경쟁하는 모습 = 원 오브 뎀 트러블

레드로즈에서 벗어난 단 하나의 탁월한 존재 = 골든로즈, 즉 스페셜 원

- **4단계**: 당신의 테마와 일치하는, 눈길을 끄는 강력한 디자인을 정한다.

→ 스페셜 원을 상징하는 골든로즈 이미지

- **5단계**: 그 테마와 명칭, 사진 등을 당신의 마케팅과 활동에 이용한다.

→강연할 때 황금색 마이크 사용, 마이크에 골든로즈 로고 부착, 커다란 골든로즈 무대 장식품, 배지, 브로슈어, 홈페이지, 책, 신문 기사, 유튜브, 페이스북, 인스타그램 등

이와 같은 방법을 따라 실제로 만들어진 스페셜 코칭 프로그램, 즉 스페셜 원 프로그램은 아래와 같은 6단계를 통해 탄생했다.

● **스페셜 원 프로그램의 탄생 과정**
처음에는 다른 레드로즈들과 마찬가지로 다양한 고객 유형을 기반으로 한 평범한 사업을 펼치고 있었다. 하지만 다음과 같은 변화의 과정을 거치면서 특별한 장미가 되었다.

- **1단계:** 오직 '지식'을 통해 '돈'을 벌고자 하는 분야별 전문가들만을 대상으로 프로그램을 운영한다.
- **2단계:** 이 프로그램은 아무나 수강할 수 있는 것이 아니라 오직 자신만의 뛰어난 지식을 바탕으로 '영향력'과 '명성'이라는 가치를 결합해 높은 수익을 창출해내고, 탁월한 존재를 추구하는 고객만을 위한 것이다. 최상의 고객 유형에 해당하는 사람들의 궁극적인 목표를 파악하는 것은 다음 단계에 도움이 된다.

- **3단계:** 수강생들이 같은 분야의 경쟁자들보다 높은 명성과 영향력을 바탕으로 더 많은 고객을 확보하고 더 많은 돈을 벌 수 있도록 돕는 데 최선의 노력을 기울인다.
- **4단계:** 성공의 7단계로 이루어진 스페셜 원 프로그램을 통해 고객이 기존의 모습에서 탈피해 완전하고 새로운 변화를 이룰 수 있도록 만든다.
- **5단계:** 스페셜 원 프로그램을 거친 1기, 2기, 3기…… 수강생들이 서로 사업적인 도움을 주고받고 파트너십을 맺을 수 있도록 '스페셜 원 시크릿 클럽'을 운영한다. 이는 사업적 교류를 넘어서 기수별 네트워킹 파티와 국내외 워크숍으로까지 이어진다.
- **6단계:** '골든로즈'와 '레드로즈'라는 통일성 있는 테마를 중심으로 하나의 브랜드를 만들어낸다.

✿ 고객이 스스로 찾아오게 만드는 방법

아마추어는 고객을 찾아가고, 프로는 고객이 찾아온다

모든 세일즈맨의 꿈은 '고객이 스스로 찾아오게 만드는 것'이다. 많은 이들이 여전히 전화나 방문, 네트워킹 파티 참석, DM 이나 이메일 발송, 지인의 소개, 부탁 등을 통해 잠재 고객을 형성한다.

하지만 이러한 방법은 반복되는 요청에 질린 고객들을 확실하게 떠나보내는 방법이다. 이제 당신은 전문가다. 과거의 내가 아니다. 이제 방대한 정보와 전문 지식, 경험을 제공할 수 있다. 고객에게 이득을 안겨줄 수 있는 무기도 가지고 있다. 그렇기 때문에 잠재 고객을 찾아다니는 대신 찾아오게 만들어야 한다.

이러한 '스페셜 마그네틱'이 되는 방법은 앞서 골든룰을 통해 자세히 살펴보았다. 이제는 이를 실전에 적용하는 방법들에 대해 살펴볼 차례다. 이 책의 프롤로그 부분을 다시 한번 살펴보면 다음과 같은 내용이 있다.

보통 원 오브 뎀에서 스페셜 원이 되는 과정은 다음의 7가지 프로세스를 따른다.
① 자신의 전문 분야를 설정한 뒤 세련된 스토리 라인을 만들고
② ①을 바탕으로 자신만의 차별화된 브랜드 이미지를 설정하고
③ 더욱 세련된 성공적인 브랜드 이미지 메이킹을 시도하고
④ 온라인 플랫폼을 통해 자신을 효과적으로 알리고

⑤ 책을 집필해 브랜드 가치를 올리고

⑥ 강연 및 교육 프로그램을 통해 수익을 창출하고

⑦ 특정한 사람들만 소비할 수 있는 고급 브랜드 상품을 개발, 강력한 특권 클럽을 형성해 서로 돕고 영향력을 넓히는 공동체를 만든다. 그리고 이들이 서로 돕고 영향력을 넓히는 공동체로 커나갈 수 있도록 지원한다.

이 모든 활동의 목적은 목표 고객들을 매료시켜 브랜드를 잘 기억하게 하고, 나아가 구매 욕구를 불러일으켜 자신만의 브랜드를 떠올리도록 만드는 것이다.

이러한 내용을 충실히 따라온 사람이라면, 이 책을 통해 자신이 가진 무한한 가능성과 잠재력이 얼마나 위대한지 깨달았으리라 믿는다. 나는 잠재 고객을 형성하기 위해 다음과 같은 5가지 원칙을 정해놓고 있다.

① 고급 네트워킹 모임에 참석해 만나는 사람에게 명함과 함께 회사 브로슈어를 전해준다. 만나는 사람에게 세련된 자기소개와 스토리를 전하는 것은 물론이다.

② 기회가 있을 때마다 외부 강연에 나가며, 매달 잠재 고객들을 대상으로 일일 특강을 개최한다.

③ 매달 첫째 주 토요일마다 새로운 기수를 대상으로 스페셜 원 프로그램 수업을 진행하고, 매달 마지막 주 토요일마다 스페셜 원 시크릿 클럽의 네트워킹 파티를 개최하고, 회원 간 사업적인 교류를 돕는다.

④ 온라인 플랫폼에 활동 모습과 함께 퍼스널 브랜딩이 될 수 있는 모습을 꾸준히 보여준다.

⑤ 독서, 집필을 반복함으로써 나 스스로 더 특별한 스페셜 원으로 거듭날 수 있도록 노력한다.

모두가 똑같은 방법으로 잠재 고객을 형성할 수는 없을 것이다. 하지만 확실한 것은 이 책에 제시한 모든 단계들을 자신의 것으로 만들고, 그 단계들을 반복함으로써 지속적으로 성장한다면 잠재 고객에 대한 걱정은 사라질 것이다. 바로 당신도 탁월한 지식을 바탕으로 명성과 영향력을 결합해 그에 따른 높은 수익을 창출하는 스페셜 원이 될 수 있다.

SPECIAL
TIP

고객을 변화와 성공으로 이끄는 3C 원칙

관심(caring), 코칭(coaching), 코디네이션(coordination), 이른바 3C
는 전문성을 쌓는 과정뿐만 아니라, 내가 가진 지식을 활용해 고
객의 극적인 변화와 성공을 돕는 과정에서도 유용하게 사용된다.

① **관심**: 당신은 진정으로 고객이 목표를 성취하도록 돕는 데 관심
   을 기울이는가?
② **코칭**: 고객이 목표를 성취하는 데 필요한 조치를 하나씩 확실히
   취해가도록 단계별로 코칭해주는가?
③ **코디네이션**: 고객이 이용할 수 있는 모든 자원(선택 사항)들을 검
   토하도록 돕고, 그것들 중에서 고객에게 도움이 되는 것을 선별
   해서 실행하도록 도와주는가?

3C를 달성하는 과정에서 크고 원대한 목표나 단계를 설정하는 것
은 좋지 않다. 최상의 목표는 크게 잡되 그 세부 과정은 아주 작고

부담 없는 수준으로 설정하는 것이 좋다. 예를 들어 '코칭'을 하는 과정에서 목표를 설정하는 단계가 8단계라면, 이를 16단계로 세분화해서 설계하는 것이 좋다. 또한 각 단계마다 진정으로 '관심'을 기울이며, 모든 과제를 완수할 수 있도록 만들어야 한다. 그래야 완전한 변화가 이루어지기 때문이다.

이와 함께 고객의 목표 성취를 돕기 위해 각 분야의 전문가들과 파트너 관계를 맺어놓는 것도 중요하다. 예를 들면 나는 스페셜 원 프로그램 수강생들이 효과적인 브랜드 이미지 커뮤니케이션(프로필 사진, 헤어, 눈썹, 퍼스널 컬러, 온라인 플랫폼 디자인, 명함 및 브로슈어 디자인 등)이라는 목표를 달성할 수 있도록 신뢰할 만한 회사들과 수준 높은 파트너 관계를 맺고 있다. 이 경우 각 고객에게 알맞은 '코디네이션'이 가능하므로 더욱 수준 높은 목표 성취가 가능해진다.

황금알을 낳는 수익 창출 사례

하룻밤 사이에 만들어지는 성공이란 없다. 나는 지금부터 실제로 매달 1,000만 원 이상 버는 스페셜 원과 매달 1억 원 이상 버는 최정상급 스페셜 원의 사례를 제시할 것이다. 하지만 이들은 각각 3

년, 10년이라는 시간 동안 해당 분야에서 탁월한 전문성과 스타성
을 쌓아온 사람들이다. UCLA 의대의 연구 결과에서 보듯이 새해
에 계획을 세우고 실천하는 사람이 8퍼센트가 채 안 된다고 할 때
이들은 자신과의 싸움에서 이긴 위대한 승리자다.

월 1,000만 원 이상 버는 스페셜 원의 사례

① 자신이 전문성을 쌓을 분야를 정하고 온라인 플랫폼(네이버 카페
   등)을 만든다.

② 지금까지 3,000만 원 이상 투자하며 들은 교육 및 강의 내용과
   사업 실패담 및 성공담, 자신이 읽은 책 등을 통해 얻은 인사이
   트를 더해 칼럼을 쓴다.

③ 자신이 쓴 글을 카카오톡, 블로그, 페이스북을 통해 많은 사람
   들에게 알리고, 그 사람들이 다시 카페로 유입되도록 한다.

④ 6개월간 단 1원의 수익도 없이 24개 이상의 칼럼을 매주 작성
   하고, 매주 새로운 칼럼이 올라올 때마다 '한 주의 베스트 & 스
   페셜 칼럼 모음'이라는 제목으로 칼럼을 읽을 수 있는 주소를
   달아 카페 회원들에게 전체 메일과 쪽지를 보낸다.

⑤ 위와 같은 방식으로 6개월간 네이버 카페를 운영하면 평균적으
   로 카페 회원 수가 100명에서 300명을 넘어서게 된다. 자신만
   의 네이버 카페 운영 노하우가 있는 사람이라면(기존 고객 DB가

있는 사람, 유튜브 촬영을 함께 진행하는 사람, 다른 온라인 플랫폼의 팔로어가 있는 사람 등) 1,000명을 넘어서는 경우도 있다. 그 과정에서 높은 전문성과 통찰력을 보여주었다면, 오프라인 강의를 통해 운영자를 만나서 배우고 싶은 사람들이 생기기 시작한다.

⑥ 이들을 대상으로 1인당 10만 원의 금액으로 5시간 길이의 일일 특강을 오픈한다. 단 한 명이 오더라도 최선을 다해서 가르치겠다는 마음가짐으로 시작한다. 6개월마다 금액이 오를 것을 사전에 공지하고, 실제로 6개월마다 10만 원 이내로 금액을 상승시킨다. 이와 함께 사전 신청자(얼리버드)를 대상으로 수강료 할인 프로모션도 진행한다.

⑦ 일일 특강을 마친 뒤에는 수강생들의 DB(이름, 전화번호, 이메일)와 같은 간단한 개인 정보와 수강 후기를 작성할 수 있는 설문지를 나눠 주고, 우수 수강생의 경우 동영상으로 후기를 촬영한다. 단체 사진을 찍은 뒤에 밴드 또는 카카오톡 같은 온라인 소모임 방을 만들어서 지속적으로 강의 피드백과 강의 후에 생겨난 고민들을 해결해주는 공간을 마련한다.

⑧ 이후 카페와 페이스북, 블로그 등을 통해 강의 후기를 공개하고 강의의 핵심 내용이 담긴 소책자를 무료로 배포한다. 이를 통해 2차 일일 특강을 기획하고 홍보한다.

위에 제시한 예시의 실제 주인공은 소셜 커머스(social commerce)를 주제로 일일 강의를 진행한다. 해당 강의에는 아이템 선정부터 온라인 플랫폼 운영 방법, 고객의 구매 전환율을 높이는 구체적인 노하우까지 실전 팁이 가득하다.

현재 3년 넘게 변함없는 모습으로 칼럼을 쓰고, 강의를 하고, 고객들을 관리하고 있다. 매달 1,000만 원을 버는 사람 뒤에는 이처럼 치열한 노력이 숨어 있다. 이번에는 이보다 한 단계 더 성공한 최정상급 스페셜 원의 사례를 살펴보자.

월 1억 원 이상 버는 스페셜 원의 사례

⑨ 월 1,000만 원 이상을 버는 스페셜 원에서 월 1억 원 이상을 버는 스페셜 원으로 한 단계 더 나아가기 위해서는 칼럼과 강의를 통해 쌓인 지식과 노하우를 바탕으로 책을 써야 한다.

⑩ 책을 쓴 뒤에는 일일 특강 및 컨설팅뿐만 아니라 4주, 8주, 12주 과정으로 구성된 프로그램을 만들어야 한다. 이러한 과정을 통해 고객이 원하는 최상의 목표를 달성할 수 있도록 돕고, 그들이 원하는 모습으로 변화할 수 있도록 만들어야 한다. 예를 들어 소셜 커머스에 관한 4주 과정을 진행한다면 나만의 아이템을 바탕으로 실제 수익 창출까지 이루어질 수 있도록 만든다.

⑪ 자신의 프로그램을 체계화하는 작업을 통해 강의에 필요한 모

든 자료(PPT, 교재, 포스터 등)에 아름다운 디자인을 입히고 가능하면 특허 신청도 진행한다. 이를 바탕으로 전국에 해당 프로그램이 필요한 곳(기업 또는 기관)을 찾아 지금까지 만든 포트폴리오와 성과를 바탕으로 교육 프로그램을 강의하는 계약을 체결한다.

⑫ 강사 양성 과정을 오픈하고, 양성된 강사들을 전국으로 파견해 6 대 4 또는 7 대 3의 비율로 수익을 나누어서 상생할 수 있는 비즈니스 모델을 만든다. 대부분 파견 강사가 높은 비율을 가져간다.

⑬ 강의 또는 브랜드와 관련된 저가, 중가, 고가의 제품을 개발해서 플랫폼을 통해 판매하기 시작한다. 회원들만 구매할 수 있도록 만들어 소속감과 희소성이라는 가치를 부여한다. 예를 들면 소셜 커머스의 재고관리에 필요한 엑셀 프로그램이나 시장 및 구매 전환율 분석 자료, 해당 브랜드를 상징적으로 드러낼 수 있는 상품 같은 것들이 있다.

⑭ 특정한 사람들만 가입할 수 있는 특권 클럽을 만들어서 소속감을 가지고 서로 돕는 공동체를 형성한다. 예를 들어 소셜 커머스를 통해 월 1,000만 원 이상 버는 수강생들을 대상으로 '월천회'를 만들거나 월 1억 원 이상 버는 수강생들을 대상으로 '월억회' 등을 만든 뒤 서로 돕고 상생할 수 있도록 한다.

⑮ 신문과 방송에 출연할 기회를 만들고 언론사 및 기자들과 친분을 쌓는다. 이를 통해 공식적인 플랫폼에 브랜드를 노출시키고 지속적으로 공신력을 쌓을 수 있는 계기를 만든다.

⑯ ⑨~⑮의 과정을 반복한다.

위에 제시한 예시의 실제 주인공은 10년 동안 200권 이상의 책을 출간한 경험을 바탕으로 '12주 책 쓰기 프로그램'을 운영한다. 한 사람당 980만 원이라는 고가의 프로그램이지만 매 과정마다 정원(12명)이 마감되는 것으로 유명하다.

그는 책 쓰기에 관한 다양한 CD, 책, 노트, 텀블러와 같은 굿즈도 판매하고 있다. 또한 책 쓰기를 통해 다양한 분야의 전문가들을 양성하고 그들이 강의할 수 있는 플랫폼을 제공함으로써 서로 수익을 나누는 비즈니스 모델을 만들고 있다.

이러한 두 예시는 각각 3년, 10년 동안 자신의 전문 분야에서 탁월한 전문성을 쌓아온 스페셜 원들의 놀라운 결과를 보여준다. 물론 같은 3년, 10년이라도 내가 어떤 방식으로 일하고 노력하는지에 따라 그 결과는 천차만별이다. 이제 모든 열쇠는 당신에게 주어졌다. 눈앞에 놓인 보물 상자를 열 것인가, 아니면 다른 사람이 열도록 놔둘 것인가는 오로지 당신의 선택에 달려 있다.

소수에 집중하면
힘을 갖는다

99퍼센트가 아닌
1퍼센트에 집중하라

스페셜 원 프로그램을 토대로 강의를 하다 보니 자연스럽게 비슷한 꿈을 꾸는 사람들이 모여들기 시작했다. 끌어당김의 법칙은 어김이 없었다. "좋은 사람들과 교제하면 그들처럼 된다"라는 속담처럼 뜻을 함께하는 사람들이 모이면서 특별한 클럽이 형성됐다. 지금까지도 아나운서, CEO, 방송 PD 등 스페셜 원 프로그램을 수강했던 분야별 전문가들과 함께 꾸준히 상생 공동체를 만들어 활동하고 있다. 그중에서도 별도의 특권 클럽을 형성해서 서로 돕고 영향력을 넓힐 수 있는 비즈니스 공동체를 만들었다.

✮ 연결을 통해 권력, 즉 파워를 만들어라

좋은 사람들과 교제하라. 당신도 그들 중 하나가 될 것이다

지식에 명성과 영향력이라는 가치를 결합할 때 중요한 것은 명성과 영향력의 '지속 시간' 및 '공간의 범위'다. 누가 더 넓게 더 오랫동안 명성과 영향력이라는 가치를 넓히고 지속시키느냐가 몸값을 결정한다.

세계적인 브랜드 마케팅 전문가 필립 코틀러는 영향력과 명성을 '인지도'라는 개념으로 통합해 지속 시간과 공간의 범위에 따라 인지도의 범위를 20단계로 구분해놓았다.

1단계가 최하위 수준이고 20단계가 최고 수준이며 왼쪽에서 오른쪽으로 옮겨 갈수록 인지도의 범위가 커진다. 만약 한 용감한 시민이 지하철 선로에 떨어진 아이를 구했다고 한다면 그는 국내에서 1주일 정도 이름이 알려질 수 있다. 이는 2단계 수준

인지도의 범위 (단위: 단계)

국제	4	8	12	16	20
국가	3	7	11	15	19
지역	2	6	10	14	18
마을	1	5	9	13	17
	1일	1주일	1년	한 세대	영원

의 '인지도'다.

한편 앤디 워홀(Andy Warhol)은 "미래에는 모든 사람들이 15분 만에 유명한 사람이 될 것이다"라고 말하기도 했다. 인쇄 및 방송 미디어가 폭발적으로 증가하고, 그런 미디어들의 시공간을 끊임없이 사람들의 스토리로 채워야만 하는 현상을 빗댄 말이다. 블로거들은 말할 것도 없고, 기자들 역시 늘 사람에 관한 흥미로운 이야깃거리를 찾아다닌다.

그들에게는 모든 사람, 모든 스토리가 꽃꽂이 장식에 필요한 꽃과 같다. 기자나 블로거는 그런 뉴스들을 찾아서 널리 퍼뜨린다. 지하철 선로에 떨어진 사람을 구한 남자, 불치병을 치료할 신약을 개발한 교수, 대규모 테러를 저지른 사람들의 이야기는 대부분 최대 4단계 정도의 인지도로 하루 정도 이름을 날린다. 이렇게 며칠 동안 지속되는 인지도는 물질적 이익이나 보상으로 연결되기가 어렵다.

따라서 인지도를 통해 물질적 보상을 창출하기 위해서는 이를 지속 및 확장시키는 어떤 힘이 필요하다. 지식산업의 관점에서 볼 때 이러한 힘은 '연결'을 통해서 나온다.

예를 들어 9단계의 인지도를 가진 사람이 10단계의 인지도를 가진 사람과 힘을 합칠 때 서로의 인지도는 확장되고 더 오래 지속될 수 있다. 만일 9단계의 인지도를 가진 사람이 10단계의 인지도를 가진 사람들의 모임에 게스트로 초청받는다면, 그리고 지속적으로 그 모임에 참여할 수 있게 된다면 그의 인지도는 10단계 수준으로 올라갈 확률이 높다.

이러한 '인지도 점프'는 단 한 번의 연결이 아니라 지속적인 연결이 이루어질 때 달성할 수 있다. 대통령을 만나서 사진 한 번 찍었다고 해서 내 인지도가 대통령과 같은 수준으로 높아지는 것은 아니라는 얘기다. 하지만 대통령을 만난 자리에서 탁월한 전문성과 능력을 인정받아 민정 수석으로 발탁된다면 지속적 연결이 이루어질 것이기 때문에 인지도가 국가적 수준으로 점프하게 된다.

이러한 연결을 지속하는 방법은 '특권 클럽'을 만드는 것이다. 당신의 노하우를 경험한 잠재 고객들 중에서 당신의 노하우를 마스터하고 싶은 사람들을 대상으로 스페셜 코칭 프로그램을 만들고, 또 스페셜 코칭 과정을 수강한 사람들을 대상으로 특권 클럽을 만들어서 이들이 서로 교류할 수 있는 시간과 공간을 마련하는 것이 클럽을 만드는 과정이자 목적이다. 나는 스페셜 원 프로그램을 수강한 분야별 전문가들을 대상으로 '스페셜 원 시크릿 클럽'을 만들어 매달 넷째 주 토요일마다 기수별로 모이는 자리를 마련하고 있다.

특권 클럽은 만들기도 힘들고 유지하기도 어렵다. 하지만 일단 만들어놓고 그 크기가 커지기 시작하면 그때부터 이러한 연결은 권력, 즉 파워가 된다. 누구나 들어오고 싶어 하는 모임이 형성되는 것이다.

스페셜 원 프로그램을 문의하는 사람들 중 일부는 이미 스페셜 원 시크릿 클럽에 소속된 아나운서, CEO, 방송 PD, 감정평가사, 자산관리사, 포토그래퍼 등의 분야별 전문가들을 보고 연락을 취해 오는 경우가 많다. 하지만 어떠한 경우에도 이러한 모임은 '명확한 원칙'을 바탕으로 가입될 수 있도록 관리되어야 한다.

✿ 특권 클럽 회원 관리는 명확한 원칙으로 특별하게

긍정과 열정으로 가득 찬 1퍼센트의 사람에게 집중하라

명확한 원칙을 바탕으로 모임을 운영할 때 그 모임의 가치와 소속감은 더욱 높아진다. 내가 각 기수의 치프(chief)들과 함께 정한 모임의 운영 원칙은 "탁월한 전문성보다 바른 인성과 올바른 생각에 높은 우선순위를 둔다"는 것이었다.

부정적인 생각을 가진 한 사람이 모임 전체를 망쳐놓을 수 있기 때문에 회원 한 사람 한 사람의 생각을 파악하는 것은 굉장히 중요하다고 할 수 있다. 큰 건물이 무너지는 것도 결국은 아주 작은 균열 하나 때문이다.

한 사람의 생각을 파악하기 위해서는 직접 만나 얘기하는 것이 가장 좋은 방법이지만 그 사람의 무의식적인 생활 및 언어 습관만 보더라도 대부분의 경우는 파악할 수 있다. 예를 들어 지금 휴대전화를 열고 당신의 카톡과 문자 메시지를 확인해보면 당신이 어떤 생각을 가지고 살아가는 사람인지 쉽게 파악할 수 있다.

저는 내년 6월까지 책을 쓸 수 있을 것이라고 생각합니다. 제 삶에 단 한 번 있을 기회가 찾아온 것 같습니다. 저는 이를 통해 최고가 되어보고자 합니다.

뭔가 열심히 사는 사람인 것 같지만 글에서 성공에 대한 믿음과 확신이 느껴지지 않는다. "~라고 생각합니다"와 "~것 같습니다" 또는 "~보고자 합니다"라는 표현 때문에 자신감이 느껴지지 않는 것이다.

애매모호한 언어를 쓰는 사람은 삶도 목표 없이 흘러갈 가능성이 높다. 이런 표현 말고도 말줄임표를 습관적으로 붙인다거나, 말끝에 습관적으로 욕을 쓰거나, 부정적인 단어를 자주 사용하는 사람은 부정적 성향을 가진 사람일 가능성이 높다. 다음 글을 한번 읽어보자.

저는 꼭 내년 6월까지 책을 쓸 것입니다. 제 삶에 단 한 번 있을 기회가 찾아왔습니다. 저는 반드시 최고가 되겠습니다.

같은 내용이지만 차이가 명확하다. 전자의 문장에는 힘이 없고 실패를 암시하지만 후자의 문장에는 힘이 담겨 있고 성공을 암시한다. 말을 하는 사람은 모르지만 듣는 사람은 영향을 받는다. 전자의 말을 들을 때는 '그런가 보다' 하지만 후자의 말을 들을 때는 '정말 될 것 같은데?' 라는 생각을 하게 된다. 사람의 언어에는 이처럼 어떤 힘, 영향력이 있다. 만약 당신의 언어가 '절대로!'나 '난 못해ㅜㅜ' 같은 부정적인 것들로 가득 차 있다면 지금이라도 생각을 바꿔야 한다.

나는 매번 모든 일에 "감사합니다"라는 말을 붙이고 살아간다. 또한 누군가를 비난하고 시기하고 질투하기보다는 "대단합니다", "최고입니다"와 같은 표현을 의식적으로 쓰려고 노력한다. 처음에는 쉽지 않았지만 지속적으로 실천하다 보니 습관이 되어 자연스럽게 몸에서 배어나게 되었다. 이를 통해 만나는 사람마다 즐겁고 긍정적인 에너지를 전해줄 수 있는 것이다.

내가 생각하는 '함께 성장해나갈 수 있는 1퍼센트의 사람'이란 이러한 습관을 가지려고 의식적으로 노력하는 사람이나 이미 그것이 자연스럽게 몸에 밴 사람이다. 이러한 사람들은 부정적인 생각으로 가득 찬 99퍼센트의 사람들과 달리 당신을 언제나 성공과 확신으로 이끌 것이기 때문에 꼭 함께해야 한다. 진정한 스페셜 원이 되어 서로 돕는 공동체를 형성하기 위해서는 부정으로 가득 찬 99퍼센트의 사람들이 아닌 긍정과 열정으로 가득 찬 1퍼센트의 사람들에게 집중하는 삶을 살아야 한다. 좋은 사람들과 함께하기에도 삶은 짧다.

✸ 문화적 코드를 판매하라

브랜드 상징물이 문화적 코드가 되게 하라

스페셜 원이 되기 위해서는 지식에 명성을 결합해서 이름값 높은 브랜드를 창조하고 확산시키는 일을 반복적으로 지속해야 한다. 그리고 이러한 명성(인지도)을 넓히고 확장하기 위한 특권 클럽도 만들고 유지해야 한다.

이러한 과정 속에 '상징물'이 제작되고 확산된다면 당신의 브랜드를 널리 알리고 강화하는 데 큰 도움이 될 것이다. 이를테면 브랜드가 '골든로즈'라면 골든로즈 로고가 새겨진 마이크나 캐릭터, 티셔츠, 다이어리, 텀블러, 유튜브 영상 광고 등을 만들어 사용하는 것이다.

이러한 제품들을 진정한 브랜드 상징물로 탄생시키기 위해서는 그 안에 스토리를 담아야 한다. 성공적인 브랜드의 스토리에는 3가지 공통적인 요소가 담겨 있다. 이러한 스토리는 실화에 근거를 둔 논픽션(non-fiction)이 될 수도 있고, 사실과 허구를 통합한 팩션(faction) 또는 허구에 근거를 둔 픽션(fiction)이 될 수도 있다.

제품의 스토리를 구성하는 3가지 요소는 다음과 같다.

- 브랜드 네임은 무엇인가?
- 어떻게 탄생하게 되었는가?
- 어떤 가치를 담고 있는가?

사람들은 스토리를 들을 때 전체를 기억하기보다는 그 안에 담긴 키워드나 핵심적인 메시지만을 선별적으로 기억한다. 그렇기 때문에 브랜드 네임은 짧고, 감각적이며, 기억하기 쉬운 것이 좋다. '애플'은 두 글자로 짧아서 눈으로 기억하기 쉬우며, 귀로 들으면 시각적인 사과의 형태가 떠올라서 또 기억하기가 쉽다. '골든로즈' 역시 마찬가지다. 황금색 장미란 상식을 깨는 단어라서 누구나 그 그림을 떠올려보게 되는데, 이것이 또 각인의 효과가 있다.

애플의 '아이폰'은 기존의 관념에 도전하고 새로운 것을 창조하려는 과정에서 만들어졌으며, 이는 세상을 다르게 바라보는 힘, 즉 '창조성'이라는 가치를 담고 있다. '골든로즈' 역시 개개인의 무한한 가능성과 잠재력을 일깨우고 그 특별함을 세상에 전하고자 노력하는 과정에서 만들어졌으며, 이는 개개인의 존재에 대한 특별함, 즉 '탁월함'이라는 가치를 담고 있다. 이러한 가치는 소속감이나 그에 따른 영향력이 될 수도 있고, 스타벅스처럼 세련되고 고급스러운 이미지가 될 수도 있다.

이러한 3가지 요소를 포함하는 브랜드 스토리가 담긴 제품은 단순히 제품을 넘어 하나의 '브랜드 상징물'로서 기능한다. 브랜드 상징물은 책과 강연, 온라인과 오프라인 플랫폼을 통해 확산되고 특권 클럽을 통해 소비될 때 하나의 '문화적 코드'를 만들어내게 된다. 브랜드를 표현하는 상징물을 제작하는 궁극적인 목적이 바로 여기에 있다.

브랜드 제품이 소비되고 확산되면서 하나의 문화적 코드를 만들어내기 시작할 때 이 브랜드는 하나의 살아 있는 생명체로 다시 태어난다. 지속적으로 생산되고 소비되는 한 브랜드는 계속해서 성장한다. 이는 특권 클럽을 통해 소비되므로 성공의 7단계 프로세스를 계속 반복하는 한 지속적인 성장을 이루게 된다.

브랜드 제품이 문화적 코드를 생산해내는 단계에 이르면 A라는 제품만 봐도 B라는 브랜드를 떠올리게 만들 수 있다. 이를테면 황금색 마이크만 봐도 '골든로즈'라는 브랜드가 떠오르기 시작하는 것이다. 이러한 문화적 코드가 실제 우리의 삶 속에서 어떻게 작동하는지 보여주는 흥미로운 사례가 있다.

고대 로마가 이집트를 통치할 당시 클레오파트라는 자신의 정치적인 야욕을 위해 로마 장군인 안토니우스를 유혹한다. 이를 위해 클레오파트라는 46센티미터 두께로 장미를 깔고 방 안을 온통 장미향으로 채운다. 장미 향기로 자신의 체취를 의식하도록 한 것이다. 그 후부터 안토니우스는 자신의 코끝에 장미향이 살짝이라도 스치면 클레오파트라가 떠올랐고 클레오파트라의 마력에 점점 사로잡혔다.

클레오파트라는 '장미향' 하면 바로 자신이 떠오를 수 있도록 안토니우스의 무의식에 접근해 그를 유혹하는 데 성공한 것이다. 결국 안토니우스는 그녀의 사랑의 노예가 되고 말았다.

대로마제국의 실력자인 그는 순전히 사랑에 빠져 로마제국의 일은 까맣게 잊어버린 채, 알렉산드리아에서 거대한 영지를 비롯한 막대한 선물을 클레오파트라에게 주며 그녀의 품을 벗어나지 못했다.

이렇게 브랜드 제품이 브랜드 상징물이 되고 그것이 계속적으로 소비되고 성장하면서 문화적 코드를 만들어낼 때 그것이 잠재 고객들에게 끼치는 영향력은 실로 엄청나다. 이는 당신의 인지도를 한 단계 더 높은 곳으로 끌어올리고 그에 합당한 물질적 이득을 제공해주며 당신을 더욱 빛나는 스페셜 원으로 만들어줄 것이다.

빛나는 순간을 보기 위해서는
오랜 어둠을 견뎌야 한다

"괴로움이 남기고 간 것을 맛보라. 고난도 지나면 감미롭다"라는 괴테(Johann Wolfgang von Goethe)의 말처럼 이 책을 쓰기까지 오랜 시간이 걸렸고, 많은 실패와 고난이 있었지만 지금에 와서 생각하니 모두 빛나는 순간을 보기 위한 과정이었음을 고백한다.

《스페셜 원》을 완성하기 위해 지난 10년간 읽어온 책들 중에서 관련 분야의 책들을 다시 꺼내 읽고 새롭게 배워야 할 지식들에 관한 책을 읽으며 온몸에 체화해나갔다. 지금까지 진행했던 모든 강의 자료를 펼쳐놓았고, 스페셜 원 프로그램에 대한 강의 피드백과 전작《지식을 돈으로 바꾸는 기술》에 대한 후기를 모두 모았다. 경영학, 심리학, 마케팅, 인간관계론, 행동경제학의 최신 이론까지 담아내며 스페셜 원으로 변화할 수 있는 하나의 완성된 프로세스를 만들어내기 위해 최선의 노력을 기울였다.

하지만 '완벽'이라는 환상 앞에 놓인 개인의 모습은 언제나 초라하다. 완벽한 글이란 사실상 존재하지 않는다. 모든 노력과 혼신의 힘을 기울였지만 부족하게 느껴지는 부분들은 나의 역량이 부족하기 때문임을 인정한다. 나는 이 부분을 더 채우고 성장해야 할 필요를 느끼며 그것이 나에게 주어진 삶의 소명이라고 생각한다.

완벽한 사람은 없기에, 또한 삶은 그렇게 화려한 모습들로 가득한 것은 아니기에 이 책이 단순히 독자 여러분의 마음에 불만 지피고 끝나지 않기를 간절히 바란다. 나는 이 책을 쓰면서 "빛나는 순간을 보기 위해서는 오랜 어둠을 견뎌야 한다"는 사실을 깨달았다. 나와 같은 생각을 가지고 있는 사람들에게 이 책이 함께 울고 웃으며 희망과 통찰력을 제시해줄 수 있기를 소망한다.

삶을 풍요롭게 만드는 가장 중요한 요소는 '사랑'이다. 이는 모든 자유를 뛰어넘는 초월적인 가치라고 생각한다. 내가 가진 지식과 경험, 노하우를 다른 사람들과 나누고 그들이 진심으로 성공할 수 있도록 돕는 것은 세상에 태어난 '존재'에 대한 사랑에서 비롯된다.

이는 하나의 예술과 같다. 사람의 영혼 속에 잠들어 있는 열정에 불을 붙이고, 자신만의 특별함을 찾아갈 수 있도록 만든다. 이러한 열정이 수많은 사람들에게 영감을 불어넣고, 자신만의 특별한 존재 의미를 찾도록 하며, 이 땅에 내가 태어나서 존재하는 이유에 대해 생각하게 만든다.

나는 내가 하고 있는 일을 통해 함께 성장하는 공동체의 힘과 하루하루 성장하는 나 자신을 깨닫는다. 그렇기에 우리는 스스로에게 이렇게 질문을 던져보아야 한다.

"내가 이 땅에 태어난 이유는 무엇인가? 나는 어디까지 성장할 수 있는가?"

우리는 무한한 세계를 창조할 능력을 가지고 태어났다. 삶이라는 운전대를 온전히 내가 잡고 있을 때에야 비로소 우리는 우리 안에 잠재된 무한한 가능성과 잠재력을 깨달을 수 있다. 당신이 스스로를 믿지 않으면, 세상 누구도 당신을 믿어주지 않는다.

삶의 진짜 주인 스페셜 원이 돼라

스페셜 원으로 거듭나는 7단계 핵심 전략

최고의 존재는
어떻게 만들어지는가

제1판 1쇄 인쇄 | 2018년 10월 5일
제1판 1쇄 발행 | 2018년 10월 12일

지은이 | 장진우
펴낸이 | 한경준
펴낸곳 | 한국경제신문 한경BP
책임편집 | 노민정
교정교열 | 한지연
저작권 | 백상아
홍보 | 정준희 · 조아라
마케팅 | 배한일 · 김규형
디자인 | 김홍신
본문디자인 | 디자인 현

주소 | 서울특별시 중구 청파로 463
기획출판팀 | 02-3604-553~6
영업마케팅팀 | 02-3604-595, 583 FAX | 02-3604-599
H | http://bp.hankyung.com   E | bp@hankyung.com
T | @hankbp   F | www.facebook.com / hankyungbp
등록 | 제 2-315(1967. 5. 15)

ISBN 978-89-475-4410-8   03320

책값은 뒤표지에 있습니다.
잘못 만들어진 책은 구입처에서 바꿔드립니다.